# 1인 프랜차이즈
## 창업 코칭

**외식업편**

# 1인 프랜차이즈 창업 코칭 외식업편

발행일    2019년 7월 12일

지은이    김보겸
펴낸이    손형국
펴낸곳    (주)북랩
편집인    선일영                      편집    오경진, 강대건, 최예은, 최승헌, 김경무
디자인    이현수, 김민하, 한수희, 김윤주, 허지혜    제작    박기성, 황동현, 구성우, 장홍석
마케팅    김회란, 박진관, 조하라, 장은별
출판등록  2004. 12. 1(제2012-000051호)
주소      서울시 금천구 가산디지털 1로 168, 우림라이온스밸리 B동 B113, 114호
홈페이지   www.book.co.kr
전화번호   (02)2026-5777                   팩스    (02)2026-5747

ISBN     979-11-6299-787-1 03320 (종이책)      979-11-6299-788-8 05320 (전자책)

이 도서의 국립중앙도서관 출판예정도서목록(CIP)은 서지정보유통지원시스템 홈페이지(http://seoji.nl.go.kr)와
국가자료공동목록시스템(http://www.nl.go.kr/kolisnet)에서 이용하실 수 있습니다.
(CIP제어번호: CIP2019026028)

# 1인 프랜차이즈 창업 코칭

## 외식업편

김보겸 지음

아이템 선정부터 가맹 본부 구축,
직영점 운영 노하우 및
관련 법규까지 상세하게 알려 준다!

북랩 book Lab

# 머리말

군 전역을 3개월 남긴 시점이 되자, 사회에 나가서 무엇을 할지 막막하고 걱정만 앞섰습니다. 예전에 배워 두었던 컴퓨터 기술을 활용하여 전역 후 곧바로 창업을 하자는 결심을 했고, 친구들과 부모님에게 빌린 종잣돈으로 장사를 시작했습니다. 그때 23살에 처음 도전했던 '컴퓨터 수리점 창업'이 지금의 요식업 창업의 밑거름이 되었고, 지금은 '1인 프랜차이즈 본부 만들기'라는 프로젝트를 시작한 지 어느새 만 5년이라는 세월이 흘렀습니다.

본부와 직영점을 운영하는 5년 동안, 그리고 지금 이 순간에도 외식업 프랜차이즈 업계에는 크고 작은 일들이 무수히 일어나고 있습니다. 업력이 1년도 채 되지 않는 아이템으로 수많은 가맹점이 하루가 멀다 하고 전국 곳곳에 오픈하며, 어떤 프랜차이즈 본부는 아무도 모르는 채로 가맹점과 함께 문을 닫기도 합니다.

가끔은 저도 하루에도 몇 곳씩 가맹 오픈 계약을 체결하는 브랜드를 만든 프랜차이즈 본부를 동경하고 부러워하곤 했습니다.

하지만 'R카페'와 'j참치 전문점' 등의 프랜차이즈 업계에서 가맹거래사로 활동하던 시절, 직접 눈으로 보고 몸소 경험했던 프랜차이즈의 허와 실을 알게 된 후, 결코 밖에서 보이는 것이 전부가 아니라는 것을 깨닫게 되었습니다.

이후 저만의 방식과 노하우, 확고한 경영철학을 바탕으로 프랜차이즈 본부와 직영점 운영을 시작했습니다. 사회적인 차원과 개인적인 차원 모두에서 합리적이고 안정적으로 자리 잡을 수 있는 형태의 본부와 가맹점 경영을 모색하였습니다.

지금은 꽤 괄목할 만한 성과를 내고 있기에, 자신 있게 저만의 방식인 '1인 프랜차이즈 본부 만들기 프로젝트'를 독자 여러분과 공유하고자 합니다. 창업을 준비하며 도전하시는 분들과 아직은 창업을 망설이며 고민하는 분들 모두에게 작은 도움과 격려가 되었으면 합니다. 더불어 어디에서도 시도하지 않은 1인 가맹 본부 만들기의 핵심 노하우를 전달하는 과정을 통해 가맹 사업을 준비하는 분들과 창업을 계획하시는 분들에게 제 솔루션이 큰 도움이 되기를 바랍니다.

책을 완성할 수 있도록 도와주시고 현재까지도 저를 믿고 지지해주시는 한돌참치와 마구로한돌 가맹점주님들, 본부와 직영점에서 늘 힘써 주시는 곽 매니저님, 학업에 계속 정진할 수 있게 도와주신 세종대학교 전태유 교수님 모두에게 감사하다는 인사를 전합니다. 마지막으로 매일 독박 육아로 고생하는 아내와 예쁘게 잘 자라주는 태현, 태희에게 늘 미안하고 고맙고, 사랑한다는 말을 전합니다.

"책 베스트셀러 되면 맛있는 거 사줄게!"

차
례

**6 장**
**가맹 본부**
**운영하기**
**실전편**

# 1 CHAPTER

## 들어가며

# 들어가며

2019년 현시점에서 한국의 자영업자는 여러 가지 의미에서 뜨거운 화두이다. 2018년과 2019년에 최저임금이 급격하게 오르면서, 이미 과포화된 상태였던 한국의 자영업자들이 겪고 있는 문제가 수면 위로 떠오르기 시작했다. 그런 과정에서 함께 문제시되었던 것이 바로 '프랜차이즈(franchise)'이다.

현재의 프랜차이즈 시장은 과포화 상태임에도 불구하고, 하루가 멀다 하고 신규 브랜드들이 앞다투어 정보공개서를 등록하며 가맹 사업에 뛰어든다. 반대로 등록한 정보공개서를 자진 취소하며 사업을 철수하기도 한다. 그렇다면 프랜차이즈는 정확하게 무엇이고, 왜 그렇게 한국의 자영업자들은 프랜차이즈로 몰릴 수밖에 없을까? 또 이러한 시장에서 보다 더 안전한 방법으로 프랜차이즈 본부 구축부터 가맹점 관리까지의 과정을 1인이 직접 운영할 수는 없을까?

Yes! 물론 방법은 있다! How?

지금 필자는 만 5년의 기간 동안 참치 전문 프랜차이즈 한돌참치와 마구로한돌로 1인 본부와 직영점을 운영하고 있다. 그리고 앞으로

10년, 20년의 경영 속에서 계속 경험을 쌓으며, 지금보다 더 발전되고 완성도 높은 프랜차이즈 본부를 만들어낼 자신이 있다.

이 시점에서, 현재까지 겪었던 5년의 경험을 '1인 프랜차이즈 본부 만들기 프로젝트'라는 이름으로 이 책에 녹여내어 필자와 같은 꿈을 꾸고 있을 많은 사람에게 도움이 되기를 바라는 마음에서 이야기를 시작해 보고자 한다.

꿈만 같은 프랜차이즈 기업의 CEO, 누구나 시작할 수 있다!

# 2

CHAPTER

# 프랜차이즈의 개념

# 1.
# 프랜차이즈 시스템에 대한 이해

## 1) 프랜차이즈 정의 및 의의

요즘 창업을 하려는 젊은 청년들 혹은 중장년층 또는 은퇴자들에게 '프랜차이즈 창업'은 한 번쯤은 생각해 봤을 정도로 최근의 대한민국에서는 크게 대두되는 시스템이다.

반대로, 소비자 입장에서도 새로 가 본 동네나 버스 터미널, 공항 주변과 같이 한두 번만 들르는 곳에 가게 될 때는 이름 없는 가게보다는 프랜차이즈 가게를 가게 된다. 프랜차이즈 업체들은 어딜 가도 대부분 정해진 기준에 따라 동일한 품질, 동일한 가격으로 서비스되기 때문에 적어도 실패할 가능성은 없기 때문이다.

그렇다면 '프랜차이즈'란 대체 무엇을 말하는 것일까?

프랜차이즈(franchise)란 상품의 유통·서비스 등에서 프랜차이즈(특권)를 가지는 모기업(프랜차이저)이 체인에 참여하는 독립점(프랜차이지를 조직하여 형성)이 되는 연쇄 기업을 일컫는다. 정확한 개념으로서의 프랜차이즈라는 용어는 사용되는 상황에 따라 그 의미가 조금씩 달라지지만, 우리가 흔히 알고 있는 상업적인 관점에서의 프랜차이즈는 이와 같이 정의된다.

그리고 이러한 프랜차이즈를 통한 체인 시스템이란 제반 사항이 갖추어진 본부 조직과 특별한 경영 노하우를 가진 본부가 제품, 서비스, 집기, 장비 등의 판매권과 영업 표지, 즉 브랜드 동일화 시스템, 홍보, 이미지 등의 사용권을 가맹점에게 부여해 주는 것을 의미한다. 즉, 가맹 본부는 ① 시장조사를 통한 입지 선정 ② 본부 스타일의 인테리어 공사 ③ 레시피 등의 제품 제공 ④ 교육 훈련 ⑤ 개점 준비까지 지점 운영 전반의 경영 지도 등을 서비스로 제공할 수 있는 시스템을 갖추고 있고, 가맹점주는 그런 서비스를 제공받는 대가로 본부 규약의 영업 활동을 부여받고 그에 따른 로열티, 즉 일정한 경제적 이익을 계속해서 제공한다.

물론 가맹점주 입장에서는 자신이 번 수익을 모두 자신이 갖는 것이 아니라, 일정한 로열티를 가맹 본부에 지불해야 하는 것에 대해 '프랜차이즈 사업이 과연 그들에게 이득일까?' 하는 생각이 들 수도 있다. 그러나 프랜차이즈가 아니라 혼자서 자영업을 하려는 경우에는 입지 결정, 인테리어, 조리 방법, 홍보 등등의 수많은 것을 혼자서 고민하고 결정해야 하기에 차라리 약간의 돈을 지불해서 체계적인 매뉴얼을 배우고, 이를 가지고 사업을 시작할 수 있는 프랜차이즈가 오히려 양측 모두에게 이득이 되는 사업이라고 할 수 있다.

## 2) 한국형 프랜차이즈 시스템의 특성과 형태

프랜차이즈는 꼭 외식업에서만 쓰는 말은 아니지만, 대한민국의 프랜차이즈는 대부분이 외식업에 치우쳐져 있다. 이 때문인지 한국의 프랜차이즈 체인 시스템은 앞서 설명한 프랜차이즈의 개념에서 조금 어긋나는 형태로 자리 잡았고, 최근 문제가 되는 부분도 이것 때문이다. 프랜차이즈라는 개념은 앞서 언급한 것처럼 가맹점주가 가맹 본부로부터 점포 경영을 위한 시스템을 제공받고, 그에 대한 대가로 로열티를 지급하는 형태가 되어야 한다.

그런데 한국의 프랜차이즈 형태는 그러한 로열티를 받는 대신 점포를 운영하는 데 필요한 기계, 장비, 인테리어 설비, 제품을 만드는 데 필요한 재료 등에 로열티 금액을 포함시켜 판매하는 형태로 변화하고 있다. 간단한 예를 들어 말하자면, 프랜차이즈 치킨집을 창업했을 때 치킨의 맛과는 상관없는 10개를 모으면 한 마리를 서비스로 준다는 쿠폰까지 본부의 제품을 사용해야 한다는 것이다. 그리고 이런 본부의 마크가 달린 물건들은 그 품질과는 관계없이 대체재에 비해 높은 가격을 지불해야 하는 경향이 높다.

앞서 말한 전통적 의미의 프랜차이즈와 한국형 프랜차이즈의 가장 큰 차이점은 전자는 가맹 본부와 가맹점주가 상호 유대관계이지만, 후자는 쌍방 독자적 관계라는 것이다. 프랜차이즈 체인 시스템의 핵심은 가맹 본부가 가맹점주의 성공적인 사업을 위한 경영 노하우와 실무 제반 교육을 제공하는 것이다. 하지만 한국형 프랜차이즈에서 가맹점주는 가맹 본부에 있어서 극단적으로 말하자면, '물건을 팔면 그걸로 그만인' 형태가 된다. 즉, 점포를 열 때 필요한 최소한의 내용인 상표, 상호, 레시피와 광고 지원 등의 '상품'만 제공하고 나면 가맹 본부는 쉽게 말해서 가맹 점주를 '나 몰라라' 하는 식의 관계로 변화하고 있다.

그런데도 한국의 자영업자들이 프랜차이즈로 몰릴 수밖에 없는 이유는 기본적으로 자영업, 특히 요식업 창업자 대부분이 모종의 이유로 회사에서 퇴사한 이후에 노후 대비의 한 방법으로 자영업을 창업하고자 하지만, 이를 위한 기술이 없으므로 프랜차이즈 지점을 내면서 자신에게 부족한 기술을 제공받기 위함이라고 해석할 수 있다.

하지만 그러한 부족한 기술과 노하우를 제대로 전수받지 못하는 한국형 프랜차이즈의 구조 속에서는 무작정 프랜차이즈이기 때문에 잘될 것이라는 낙관론에 빠져 가게를 연 가맹점주들은 쓰디쓴 실패의 맛을 보게 될 확률이 높다. 이러한 상황 속에서 그야말로 '레드 오션' 그 자체인 프랜차이즈 사업에 가맹점주로서 가게를 여는 것보다는, 자신만의 경쟁력을 갖춘 사업으로 창업을 하고, 나아가 프랜차이즈의 가맹 본부가 되기 위한 방법과 노하우를 갖출 필요가 있다.

# 2.
# 1인 프랜차이즈 본부의 개념 및 정의

### 1) 1인 프랜차이즈 본부 시스템의 개념

'1인 프랜차이즈'란 유통 서비스 및 기타 서비스 등 「가맹사업거래의 공정화에 관한 법률」(약칭 「가맹사업법」)에 적용 및 관련된 분야에서 창의성과 전문성을 갖춘 1인 또는 5인 미만의 공동 사업자로서 상시근로자 없이 가맹 사업을 영위하는 자를 말한다.

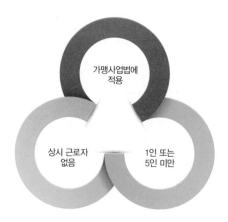

「가맹사업법」에서는 프랜차이즈 시스템을 '가맹 사업'이라고 규정하고 있으므로, 1인 프랜차이즈 시스템은 1인 또는 5인 미만으로 상시

근로자 없이 가맹 본부를 설립 및 운영하는 일체의 행위를 일컫는다. 또한 1인 프랜차이즈는 가맹점 사업자에게 상품, 교육, 관리, 판매 등의 노하우를 브랜드와 함께 제공하며 이에 대한 대가를 지속해서 받는 계속적인 거래 관계가 이뤄질 수 있도록 프랜차이즈 시스템의 주요 부분을 유지해야 한다.

이때, 1인 가맹 본부는 원천적인 기술을 바탕으로 프랜차이즈 가맹 사업을 진행하는데 이를 위해서 본부가 갖춰야 할 '주요 부분'은 다음과 같다. 이를 바탕으로 프랜차이즈 가맹 사업을 진행한다면 1인 프랜차이즈 가맹 본부로 볼 수 있다.

① 브랜드 사용권, ② 계약 체결권, ③ 물류 공급, ④ 메뉴 개발, ⑤ 교육·운영 매뉴얼, ⑥ 점포 개발, ⑦ 감독·관리, ⑧ 직영점 운영 등의 체제를 갖추어 가맹 사업을 전개한다면 1인 프랜차이즈 본부로 볼 수 있다.

이 책에서는 1인 가맹 본부의 설립과 운영 시스템을 필자의 외식 사업 분야에 초점을 맞춰 해설하고 있으나 타 종목의 1인 프랜차이즈에도 일부분 적용이 가능하다.

## 2) 1인 프랜차이즈 본부 창업 프로세서의 정의

1인 프랜차이즈 본부의 창업 프로세서의 첫걸음은 직영점 창업 및 운영에서 시작된다고 해도 과언이 아니다. 프랜차이즈 사업 전개는 직영점과 가맹점에서 시작되는데 직영점 없이 사업계획서만으로 프랜차이즈를 전개하는 본부가 있다. 또는 자체적으로 규모가 있거나 이미 경력이 있는 회사일 수도 있다.

그러나 1인 프랜차이즈의 본부 창업 프로세서의 정의는 무엇보다도 1인이 가맹 본부를 설립하고 운영할 수 있는 능력에서 시작되기에 직영점을 설립하고 발전시키는 과정에서 1인 프랜차이즈 본부의 의미가 시작된다고 할 수 있다.

1인 프랜차이즈 본부는 1개 이상의 직영점 및 직영점을 운영하고 있으며 앞서 말한 8가지의 핵심 체제를 파악하고 이를 바탕으로 가맹 사업을 전개하는 일련의 과정을 현실화하는 유형의 실체이다.

그러므로 1인 프랜차이즈 본부 창업 체계는 1인 자본금 중심으로 1개의 직영점을 개설하고 이후 그 운영을 바탕으로 가맹 본부를 설립하고 일정 이하의 가맹점 모집과 관리를 수행하는 일련의 과정이라고 정의할 수 있다.

### 3) 1인 프랜차이즈의 중요성

1인 프랜차이즈의 중요성은 본부와 가맹점의 입장에서 장점과 단점
으로 나눠서 살펴볼 수 있다.

〈1인 프랜차이즈의 중요성(본부 입장)〉

| 1인 가맹 본부 입장 | |
|---|---|
| 장점 | 단점 |
| 적은 투자금으로 빠른 사업 확장의 기회를 도모할 수 있다 | 조직의 한계로 빠른 가맹점 개설 전개가 불가피하다 |
| 빠른 의사결정 구조로 인한 효율적인 경영 구조를 갖는다 | 1인 운영으로 경영 체제가 불안정해질 수 있다 |
| 고정비의 절감으로 장기적으로 가맹 사업을 유지할 수 있다 | 시간과 금전적인 제약이 발생할 수 있다 |
| 전반적인 경영에 대한 스트레스 및 애로사항을 최소화할 수 있다 | 유통망 확장 및 물류에 규모의 경제를 달성하는 데 오래 걸린다. |

| 1 대 1 가맹점 관리가 가능하며 가맹점 탈선 위기가 감소한다 | 마케팅 전개에 있어서 한계가 있다 |

**〈1인 프랜차이즈의 중요성(가맹점 입장)〉**

| 가맹점에서의 입장 | |
|---|---|
| 장점 | 단점 |
| 대기업 프랜차이즈 가맹점에 비해 적은 투자금이 발생한다 | 1인 경영자의 위기관리 면에서 불안감을 가져올 수 있다. |
| 가맹 본부의 인원으로 공동 번영에 대한 기회를 가질 수 있다 | 브랜드 인지도에 따른 매출이 오픈 초반에 낮을 수 있다 |
| 의사반영을 쉽게 하여 빠른 문제 해결이 가능하다 | 가맹점이 늘어날수록 가맹점 관리에 허점이 발생할 수 있다 |
| 본부의 감독 및 관리에 대한 제재가 적어 스트레스가 적다 | 본부의 인력 지원에 한계가 있어 가맹점 관리·교육의 기회가 적다 |
| 독립 창업에 비해 초기에 안정된 창업을 할 수 있다 | 검증이 안 된 브랜드와 아이템을 선택하여 투자금이 손실될 수 있다 |

이처럼 장단점을 비교해 볼 수 있겠으나, 정확히 1인 프랜차이즈의 중요성을 요약하여 말해 보자면, 1인 프랜차이즈는 장기적인 관점에서 가맹 본부와 가맹점이 상호 이익을 얻으며 상생할 수 있는 장기 경영 구도가 가능하다는 것이다. 이유인즉슨, 가맹 본부는 가맹점 개설 수익과 물류 수익으로 이윤을 얻어 본부를 운영하기에 많은 수익이 필요하지만, 1인 가맹 본부는 적은 고정비 덕분에 가맹점에게 전가하는 비용이 적기 때문이다. 이에 따라 최소한의 비용으로 최대의 효과를 얻을 수 있는 1인 프랜차이즈의 중요성을 말할 수 있다.

# 3 CHAPTER

# 직영점
# 창업하기
## _ 이론편

### 직영점 창업의 중요성

1인 프랜차이즈 본부는 앞서 설명했듯이 직영점 운영을 기반으로 시작된다. 직영점은 1인 가맹 본부의 원천적인 핵심 요소이기 때문에 직영점 창업은 신중하고도 꼼꼼한 계획을 바탕으로 진행되어야 한다. 이를 위해서는 사업계획서를 작성하는 것을 권장한다.

이번 장에서는 직영점을 창업할 때 몇 가지 중요한 부분들을 짚어 보도록 하겠다.

# 1.
# 창업 자금 확보의 중요성과 그 방법

## 1) 창업 자금 확보의 중요성

자영업 창업을 고민하는 사람들에게 가장 큰 문제는 무엇보다도 창업을 위한 자금을 어떻게 조달할 것인지에 대한 문제일 것이다. 창업 자금을 어떻게 확보하느냐의 문제는 창업을 성공시키기 위한 기본적인 조건과는 다른 의미로써 창업을 성공하게 하는 결정적인 요인이 된다. 이와 같은 맥락으로, 처음 창업을 한 자영업자들이 실패하는 원인에는 여러 가지 이유가 있겠지만 결정적인 요인으로 창업 자금 부족이 꼽힌다.

사업을 시작하면 예상치도 못한 수많은 변수가 생겨난다. 특히 사업 초기에 자리를 잡기까지 생각지도 못한 다양한 사건·사고들이 생기고, 이것이 사업의 성패를 좌우하는 치명적인 요소가 되기도 한다. 이러한 변수 중에서 가장 해결하기 어려운 요소가 바로 창업 자금에 관련된 문제이다. 주변을 살펴보면 사업을 시작하는 자금이 빠듯하거나, 필요한 규모보다 적은 상태에서 창업을 시작하는 경우가 많기 때문이다.

이런 경우 사업을 시작할 때 발생할 수 있는 다양한 대출에 대비하기가 쉽지 않다. 예를 들면, 당장 필요한 결제가 지급 기일이 몇 개월 단위인 어음으로 들어오는 경우도 흔하다. 이러한 경우 기술이 부족해서, 혹은 사업 아이템이 별로여서가 아니라 몇 개월을 버틸 수 있는 자금이 부족해서 사업이 실패하게 될 수도 있다. 얼마나 한탄스러운 일인가. 크게 성공할 수도 있는 아이템이 자금 때문에 무너져버리는 것이다. 이처럼 창업한 후 자리를 잡기 전까지 사업체를 움직일 수 있게 하는 것은 '창업 자금'이다. 환자가 아플 때 피가 부족해서 수술할 수 없는 경우가 생기는 것처럼, 창업 자금이 부족한 것은 필요한 조치를 취할 수 없는 상황을 만들어버린다. 따라서 성공적인 창업을 위해서는 충분한 초기 자금이 확보되어야 한다.

## 2) 창업 자금 확보 방법

앞서 제시한 창업 초기 자금 문제를 해결하기 위해 대부분의 사람이 대출 상품에 관심을 가질 것이다. 정부에서는 소상공인을 위한 대출 제도를 많이 확보하고 있다. 소상공인 육성, 전통시장·상점가 지원 및 상권 활성화를 위해 설립된 준정부기관인 '소상공인시장진흥공단'에서는 2019년을 기준으로 소상공인 정책 자금을 위해 1조 9,500억 원 규모의 자금을 확보하고, 소상공인을 위한 대출 서비스를 갖추고 있다. 제1금융권에서 제공하는 대출 상품보다 더 저렴한 금리로 대출받을 수 있는 서비스이기 때문에, 본인이 자격 조건에 해당하는지 면밀히 살펴보고 가능하다면 필요한 자금을 대출받을 수 있는 시스템을 적극적으로 이용하는 것이 좋다.

그뿐만 아니라 신한은행, 우리은행, KB국민은행 등 대부분의 제1금융권 은행들에서도 창업을 목표로 하는 예비 창업자들에게 기존의 대출 상품보다 더 좋은 조건으로 대출받을 수 있는 창업 대출 상품을 많이 확보하고 있다. 이러한 상품들을 자세히 알아보면, 창업하고자 하는 업종마다 다르긴 하지만 기본적인 창업을 위한 자금을 확보하는 것은 크게 어렵지 않다.

물론 부족한 창업 자금을 마련하기 위해 대출하는 일은 흔히 있을 수 있으나, 가장 중요한 것은 '과도한 대출은 절대 금지'라는 것이다. 적정 수준의 대출은 창업한 후 1년에서 2년 이내에 상환 가능한 규모 정도이다. 다시 말하면 매월 영업 이익 대비 50%의 금액에 24개월(2년 기준)을 곱한 금액을 차입 금액에 대한 상환 가능 금액으로 설정할 수 있다. 이러한 계산을 위해 창업 시 영업 이익을 면밀히 검토하고, 반드시 능력에 맞는 자금을 설정할 필요가 있다.

하지만 자금을 마련하는 단계는 어디까지나 사업 시작을 위한 필요조건일 뿐이지, 성공을 위한 충분조건은 아니다. 제대로 준비되어 있지 않은 상태에서 프랜차이즈 창업을 시작하는 것은 말 그대로 짚을 지고 불구덩이에 뛰어드는 것과 다를 바 없다. 사실 자금을 확보하는 문제는 창업을 위한 준비가 다 갖추어진 다음에 고민해야 하는 문제라고 할 수 있다. 지금부터는 프랜차이즈 본부를 위한 직영점을 만드는 방법에 대해서 알아보도록 하겠다.

# 2.
# 창업 아이템 고르기

　우리나라에만 존재하는 자영업의 특징이 하나 있다. 바로 요식업에 '유행'이 있다는 것이다. SNS(Social Network Services/Sites)를 바탕으로 한 인터넷을 시작으로, 마른 볏짚에 불이 옮겨붙듯이 그 상품에 대한 유행이 급속도로 퍼져 나갔다가 대중의 관심이 사그라지면서 함께 몰락하는 아이템이 그 유행의 핵심이다. 예를 들어, 2000년대 초에 유행했던 '불닭', 2015년경에 유행했던 '치즈 퐁듀와 곁들여 먹는 매운 주꾸미', 2016년에 유행했던 '대만 카스텔라'와 같은 사례가 있다.

　여기서 말하는 유행은 아보카도나 스위트 사파이어 포도, 혹은 이베리코 돼지고기와 같이 우리나라에 이전에는 알려지지 않았던 식재료가 새로운 수입 계약이 체결되면서 수입되기 시작했고, 그동안 찾지 못했던 새로운 맛과 상품을 발견하면서 이에 대한 수요가 늘어나는 흐름과는 다른 것이다.

　우리나라에만 위와 같은 유행에 따른 자영업 업종 형태가 등장하는 이유로는 여러 가지가 있겠지만, 가장 큰 이유는 앞서 말했다시피 요식업에 대한 기본적인 이해와 기술, 자신만의 창업 아이템 없이 '이거 아이디어 괜찮다'라는 섣부른 믿음을 갖고 창업에 뛰어드는 사람이 많기 때문이라고 할 수 있다.

하지만 그런 선택을 한 창업자들에게만 비난의 화살을 돌릴 수만은 없다. 창업 아이템을 정하는 것이 창업의 성패를 결정짓는 가장 중요한 요소 중 하나라는 것을 모르는 예비 창업자는 없다. 하지만 한평생 요식업과 관련된 경험과 기술이 없는 사람에게 본인의 인생을 결정지을 수 있는 창업 아이템을 선택하라는 문제를 던져주는 것은 이제 막 구구단을 떼기 시작한 아이에게 수능 시험지를 던져주는 것과 다름이 없다고 생각한다. 그런 입장에 있는 예비 창업자들에게, "요즘 이거 괜찮더라."라는 이야기와 함께 비춰지는 '유행을 타는' 아이템들은 그들을 혹하게 만들기에 충분했을 것이라 여겨진다. 그렇다면 그러한 한순간뿐인 유행에 휩쓸리지 않고, 어떻게 나만의 '괜찮은' 창업 아이템을 찾을 수 있을까?

대기업에서도 새로운 사업을 구상할 때 많이 활용하는 방법이기도 한 창업 아이템을 찾는 가장 좋은 방법은 본인의 사업 아이템을 구체화시켜 일정 규모 이상의 예비 소비자 표본에게 설문 조사를 하고 그 결과를 통해 본인이 생각하는 아이템에 대한 대중의 반응을 검증하는 것이다. 하지만 현실적으로는 답변을 위한 의미 있는 표본을 확보하기도 어렵고, 본인이 생각하는 사업을 설문지로 구상하는 것 또한 이에 익숙한 경험이 많지 않다면 굉장히 어려운 일이다.

따라서 개인 창업자들은 다른 방법으로 창업 아이템을 구상할 수밖에 없다. 미리 말하자면, "어떤 사업 아이템을 성공하면 된다."라는 명확한 대답을 해 주는 것은 불가능하다. 예비 창업자라면, 적어도 남들이 좋다고 하는 아이템을 덥석 선택할 것이 아니라 어떤 사업을 하면 좋을지에 대한 치열하고 철저한 고민이 선행되어야 한다.

 이를 좀 더 이해가 쉽게 설명하기 위해 직접 창업을 해 본 필자의 이야기를 조금 해 보겠다. 필자가 요식업 사업을 구성하게 되었던 계기는 '가맹거래사' 자격증을 취득하고 프랜차이즈 본부에 입사하면서 생겨나게 되었다. 커피, 도시락, 주점 등 여러 종류의 프랜차이즈 회사에서 짧게는 한 달, 길게는 1년 동안 근무했다. 필자는 이 회사들에서 점포 개발 및 가맹 계약 체결에 관한 업무를 담당했다. 다양한 요식업 아이템들에 대해 분석할 수 있는 능력을 기를 수 있었다. 필자가 마지막으로 근무했던 프랜차이즈 본부가 바로 참치를 아이템으로 운영하던 프랜차이즈였다. 참치 프랜차이즈의 본부가 자금난을 겪으면서 어쩔 수 없이 퇴사하게 되었지만, 그 회사에 근무하는 동안 참치라는 아이템의 가능성을 발견했다.

 필자는 일찍이 컴퓨터 수리 전문점이라는 기술 창업을 했었던 경험에 비추어서 기술을 바탕으로 한 창업이 안정적임을 깨달았고 그러한 안정적인 창업을 선호했다. 그러므로 사업 종목을 선택할 때는 소비자에게는 대중적이지만 사업자들은 쉽게 접근하기 힘든 아이템을 탐색했다. 그러한 시각으로 사업 아이템을 고를 때, 참치는 대단히 전도유망한 아이템이었다. 필자는 국내 참치 전문점의 영업 방식이 '무한 리필'에 치중된 것을 발견했다. 또 국내의 참치 유통 구조를 알게 되면서, 참치를 대중화할 수 있겠다는 가능성을 발견했다.

 그리고 참치라는 아이템이 대단히 유망한 가능성을 갖고 있음에도 불구하고 앞서 말한 국내 참치 전문점의 특징과 높은 가격 등의 특징들 때문에 대중화되지 못하고 있음을 발견하였고, '고가의 무한 리필 참치'라는 일관된 국내 참치 전문점의 특징이 놓치고 있는 참치 시장의 틈새를 공략하기 위해 가격과 제공하는 참치를 세분화하는 작업을 통해 참치를 정량제로 판매해 보자는 계획을 세웠다. 결과적으로 '한돌참치'라는 참치 대중화를 선도할 수 있는 브랜드를 만들게 되었다.

이러한 필자의 경험을 바탕으로 지금부터는 그런 고민을 하는 데 있어서 도움이 될 만한 지침, 혹은 조언을 몇 가지 전달해 주고자 한다.

2011년 소상공인 대상 프랜차이즈 창업 아이템 강의

2012년 COEX 창업박람회에서 프랜차이즈 창업 강의

## 1) 자신의 취향이 아닌 대중의 취향을 고민해라

사업 아이템을 고민할 때 가장 중요하게 생각해야 할 것이 본인이 좋아하는 것과 대중이 좋아할 것에 대한 구분이 명확히 있어야 한다는 것이다. 본인이 평생 동안 좋아해 왔던 아이템이 있다 하더라도, 또 그것이 대중들에게 먹힐 것 같다는 생각이 들더라도 실제 대중이 어떤 선호를 갖고 결정을 내리는가 하는 문제와는 전혀 상관이 없는 생각이기 때문에 본인의 취향보다는 대중들의 취향에 주목해야 한다.

본인이 생각하는 아이템을 주변 지인들에게 물어보고 그들의 생각을 묻는 것은 나쁘지 않은 시도이다. 하지만 주변의 의견이 괜찮다고 해서 그것을 성공할 수 있는 아이템으로 단정 지어서는 안 된다. 내 주변 사람들의 취향은 나 자신과 닮았을 확률이 높으며, 표본 집단으로 하기에는 소수의 의견이기 때문이다. 따라서 본인이 좋아하는 일과 잘할 수 있는 일, 본인이 선호하는 아이템과 대중이 선호하는 아이템에 대한 구분을 명확하게 세우고, 전적으로 후자에 초점을 둔 아이템을 선별해야 한다. 같은 관점에서 자신이 좋아하는 아이템이 아니라 자신이 잘할 수 있는 아이템을 선택해야 한다.

## 2) 기존의 아이템을 손보는 것이 곧 새로운 아이템이다

전적으로 새로운 아이템을 찾는 것은 굉장히 어려운 일일 뿐만 아니라, 생소한 아이템일수록 대중이 이에 대해 긍정적인 반응을 하기를 기대하는 것은 어렵다. 즉, 그것은 결국 리스크가 크다는 것을 의미한다. 하지만 많은 경우 신규 창업자들은 '새로운 것'에 강박적으로 집착하는 경향이 있다. 그러므로 기존에 없던 새로운 아이템이 반짝 등장했을 때, '이거다!' 싶은 마음에 달려드는 흐름이 생겼던 것이다. 그런 사례가 바로 '불닭', '생과일주스', '치즈 주꾸미', '대만 카스텔라'와 같은 아이템들이었고, 그렇게 반짝 떠올랐던 사업에 뛰어들었던 사람들의 결과가 좋지 않았음은 이미 잘 알려진 사실이다.

중요한 것은 새로운 아이템에 집착하는 것이 아니라, 기존에 존재하는 아이템을 자신만의 색깔로 차별화하거나 세분화하는 데 있다는 것이다. 예를 들자면, 우리가 너무나 쉽게 접할 수 있는 '라면'을 들수 있다. 완전히 새로운 맛을 내는 라면이나 완전히 새로운 형태의 라면을 개발하는 것이 아니라, 기존에 존재하는 라면에 본인만의 소스, 예를 들면 된장 소스나 파 기름을 활용한 조리법을 추가해서 더욱 풍부한 맛을 내는 방법을 생각해 추가하는 식으로 활용하고 차별화하는 것이 더 좋은 아이디어가 될 것이라는 말이다.


### 3) 프랜차이즈에서 아이템 힌트를 얻어라

특히 요식업의 경우, 요식업의 흐름을 읽어내는 데 있어서 프랜차이즈는 중요한 지침이 될 수 있다. 현재 대한민국의 요식업 시장은 '프랜차이즈 전국시대'라 해도 과언이 아니다. 2009년부터 요식업 창업 시장에서 프랜차이즈 창업이 인기를 얻기 시작해서 현재는 프랜차이즈 홍수의 시대가 되었다. 만약 창업을 할 생각이라면, 지난 10년 동안

어떠한 프랜차이즈가 뜨고 졌는지를 살펴보고, 평균적으로 시장에서 오래 살아남은 종목을 살펴볼 필요가 있다. 이를 잘 분석하면 창업 아이템을 고르는 데 조금 더 유리한 위치에서 시작할 수 있다.

유지가 오래 되는 종목은 일차적으로 시장에서 인정받은 아이템이라는 의미다. 여기에 본인만의 경영 방법, 아이템을 통한 색깔을 입힐 수 있다면 이는 인기 있는 아이템에 본인만의 차별화를 더할 방법이 된다. 하지만 이 부분에 있어서 예비 창업자가 흔히 가질 수 있는 오해가 있다. 앞서 말한 유행을 타는 업종이 많이 생긴다고 해서, 그것이 유망한 아이템이라고 생각해서는 안 된다. 신문과 SNS, TV 등의 매체에 광고가 많이 뜨고 여러 사람이 뜨고 있다고 말하는 아이템이거나, 대기업이 새로 런칭한 브랜드이거나, 혹은 창업 서적과 컨설팅 업체 등에서 유망한 업종이라고 강조하는 업종이라고 해서 그것이 괜찮은 아이템이라고 생각해서는 안 된다는 것이다.

업종의 성장성을 판별할 때는 그런 주관적인 판단이 개입될 수 있는 정보들에 근거를 두는 것이 아니라, 연도별 출점 점포 증가율, 연도별 매출액 증가율, 연도별 시장 점유율 증가 수치 등 명확한 데이터를 바탕으로 진단을 내려야 한다. 이러한 정보들은 각종 프랜차이즈 본부에 예비 가맹점주 신분으로 상담을 받는다면 어렵지 않게 획득할 수 있는 정보다. 여기서 유의할 점은 1년 기준으로 출점 수, 매출액과 시장 점유율이 급격히 증가했다고 해서 그것을 유망한 업종으로 판단해서는 안 된다는 것이다. 급격한 성장이 아니라 최소 3~5년 이상 꾸준한 성장세를 보이는 업종을 안정적인 업종으로 판단해야 하고, 그러한 업종에서 아이디어를 얻어서 본인만의 차별화와 세분화를 통해 자신만의 아이템을 확보하는 것이 가장 좋은 방법이 될 것이다.


## 4) 만약 가능하다면 기술 창업을 선택해라

필자가 '기술 창업'이라는 것을 명확하게 정의 내리기에는 이에 대한 학문적인 이론이 부족한 상태이다. 그렇기에 지금까지 요식업에서의 경험을 통해 나름의 정의를 내려 보겠다. 기술 창업이라 함은 ① 전문성이 수반되고, ② 전문성에 따른 기술적 서비스가 가미되며, ③ 진입장벽이 다소 높은, 인력의 비중이 높은 창업이라고 말할 수 있다. 예를 들면, 핸드폰과 컴퓨터 수리점, 자동차 외형 복원 등의 서비스를 제공하는 카센터, 네일 전문점, 미용실, 양장점 등이 있다. 상대적으로 창업에 있어서 기술이 차지하는 비중이 낮은 요식업 분야에도 엄연히 기술 창업 분야가 존재한다. 참치, 초밥, 복어 전문점과 제과점 등이 여기에 속한다. 다시 말해서 일정 수준 이상의 기술력이 창업의 밑바탕이 되는 업종을 말한다. 특히 외식업에서는 대부분 공산품과 일반 소비재 원료를 특별한 기술 없이 가공하여 판매하는, 자동화될 수 있는 대중적인 시스템의 창업을 선호하는 경향이 많다.

하지만 앞서 말한 일식, 참치, 제과 분야는 기술력 없이는 창업이 힘들기 때문에 인력 중심으로 이루어지는 부분이 크다. 인력 중심이라는 말은 다시 말하자면 전문가가 필요하다는 말이다. 전문성을 바탕으로 서비스를 제공하기 때문에 그러한 기술력을 갖출 수 있다면 단순 노동력만 필요로 하는 업종보다 사업을 운용하기 위한 외적 투자금이 적게 필요하다. 또 이러한 분야는 창업 시장에서 지속적인 경영이 가능하고, 기술만 있다면 지속할 수 있는 사업이기 때문에 안정성이 뛰어나다. 그뿐만 아니라 기술적인 특별함을 갖추고 있으므로 흔히 말하는 'A급 상권'과 최상급 인테리어에 집착하지 않아도 되며, 이 또한 사업 투자금을 아낄 수 있는 중요한 요소가 될 수 있다.

필자가 30대 초반에 시작한 한돌참치 외식 창업

필자가 20대 초반에 시작한
컴퓨터 수리 기술 창업

# 3.
# 창업을 위한 터 고르기

## 1) 상권과 입지에 대한 이해

창업 자금과 아이디어만큼 중요한 것이 바로 창업하는 위치다. 같은 아이템이라 하더라도 입지 선정에 따라 사업의 성패가 결정될 수 있다. 사실 이는 너무나 당연한 일이다. 새로운 사업을 구상할 때 가장 중요한 것이 대상 소비자를 명확하게 세분화하는 것이다. 소위 '모두에게 두루 먹힐 만한' 아이템은 달리 말하면 '아무도 크게 관심을 두지 않는' 아이템이 될 가능성이 크다.

터를 고를 때도 마찬가지로, 그 지역의 주요 소비자의 특징(예를 들면, 성별과 연령, 1인당 구매력 등의 특징)을 철저하게 분석하고 본인의 아이템이 가장 잘 성공할 수 있는 지역을 선택해야 한다. 이렇게 상권을 분석하기 위해서는 본인이 직접 발품을 팔며 해당 지역의 여러 가게를 방문하며 직접 분석해 보고, 본인이 하고자 하는 아이템과 비슷한 아이템을 가진 가게에 직접 방문해 보며 주 소비자층이 누구인지 분석해 보는 노력도 필요하다. 그런 경험적으로 접할 수 있는 정보도 중요하지만, 검색을 통해 어렵지 않게 접할 수 있는 상권 분석 서비스를 통해 객관적인 수치와 데이터를 얻는 방식 또한 굉장히 중요하다.

## 2) 상권/입지 선택 방법

### '잘 알고 있는 입지를 선택하자'

하지만 무엇보다도 가장 추천하고 싶은 것은, 자신이 익숙하고 충분히 잘 알고 있다고 할 수 있는 지역에 자리를 잡는 것으로 생각한다. 예를 들면, 대학가는 흔히 A급 상권으로 꼽는다. 그리고 대학마다 갖고 있는 특별한 문화, 특징들이 그 상권에도 묻어나는 경우가 많으며, 그것이 가게의 인기를 좌우하는 데 적지 않은 영향력을 끼친다.

하지만 이러한 문화적인 부분을 단기간의 조사와 수치화된 데이터를 통해 발견하기란 쉽지 않은 일이다. 따라서 본인이 잘 알고 있는 내 집과 같이 익숙한 지역에 장소를 정하는 것이 가장 좋은 입지 선정 방식이 될 것이다.

## 3) 상권/입지 정보 입수·분석 방법

오프라인 점포를 창업할 때 상권과 입지의 중요성은 성공 요소의 80%를 차지할 만큼 크고 중요하다. 또한, 1인 프랜차이즈에서는 직영점 기능과 역할을 충실히 할 중추적인 역할을 수행하기 때문에 상권과 입지를 차근차근 분석할 필요가 있다.

우선 상권 입지 분석에 들어갈 때 제일 중요한 것은 정보이다. 그렇다면 이러한 상권 및 점포에 관련된 정보를 어디에서 얻는지가 제일 중요할 텐데, 현재 우리는 정보의 홍수 시대에 살고 있으므로 상대적으로 쉽게 정보를 얻을 수 있다. 이 정보를 얻어서 쉽게 분석할 수 있는 방법만 알고 있으면 복잡한 이론 없이도 쉽게 접근할 수 있다.

첫째, 상권 정보를 얻는 방법 중 하나로 정부에서 운영하는 소상공인 상가 정보 시스템이 있다.

주소는 다음과 같다. http://sg.sbiz.or.kr

내가 창업을 하고자 하는 상권을 정한 다음 해당 사이트에 들어가서 대략적인 위치를 선택하면 관련된 정보를 쉽게 요약하여 얻을 수 있으며, 분석된 자료를 참고할 수 있다.

둘째, 인터넷 점포 직거래 카페 및 회사 사이트를 통하여 정보를 입수하고 분석하는 방법이다. 대표적인 사이트로는 네이버 카페 두꺼비하우스, 회사 운영 사이트 벼룩시장, 네모, 점포라인 등이 있다. 이곳에서 내가 원하는 상권의 입지 및 상가 정보를 조금은 자세히 얻을 수 있다.

마지막으로 직접 현장에 나가 발품을 팔고 상권을 파악하는 방법이다. 시간과 육체적인 소모가 발생하지만, 상권을 분석하고 이해하기에는 제일 좋은 방법이다. 그러나 무턱대고 밖에 나가서는 헤매기만 할 뿐이다. 현장에 나가기 전에 인터넷에서 얻은 정보와 업체를 통하여 그 지역을 잘 아는 공인중개소 사무실을 찾아가 공인중개사와 함께 상권을 분석하는 것이 제일 도움이 된다. 예를 들면, 구체적인 방법은 내가 원하는 상권에 가장 가까운 지하철역을 정하고(예: 강남역) 네이버 포털 검색창에 '강남역 상가로 검색하면 네이버 부동산이 지도와 함께 검색된다. 이 검색된 부분을 파악하여 나의 예산과 지역에 맞춰 부동산 사무소에 직접 전화를 걸어 현장에서 약속을 잡고 만나면 쉽게 많은 상권 및 상가를 분석하고 파악할 수 있다.

# 관련 사이트 정보

정부 주관 소상공인 상가 정보 시스템

네이버 카페 두꺼비하우스

모바일에서도 실시간 검색이 용이한 네모

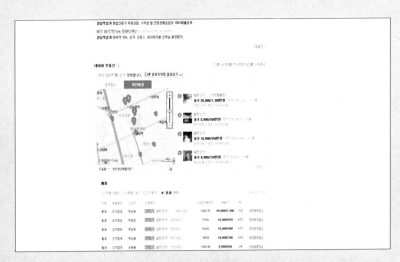

네이버 부동산

## 4) 상권/입지 조사 분석 후 점포 선정 방법

앞서 검색과 현장 실사를 통하여 얻은 정보를 가지고 점포를 탐색한 후 간단한 입지평가표를 작성한다. 입지평가표 항목을 너무 다양하게 넣으면 오히려 최종 선택할 때 장애 요소로 남을 수 있기 때문에 중요 항목만으로 구성하여 순위를 매기면 된다. 예를 들어, 다음과 같이 중요 항목만을 가지고 우선순위를 정하면 쉽게 점포를 선정할 수 있다.

〈입지평가표 예시〉

| 항목 | 현황 | 등급(5) |
|---|---|---|
| 권리금 | 3,000만 원 급매 계약 시 2,000만 원(주변보다 3천만 원 저렴) | 5 |
| 임대료 | 200만 원(상권 평수 대비 비쌈) | 3 |
| 도보 접근성 | 지하철 2분, 전면 보도 넓음 | 5 |
| 차량 접근성 | 대로변에 위치하여 접근성 매우 좋음 | 5 |
| 가시성 | 건물이 후면으로 살짝 들어가 있음 | 4 |
| 입지 수준 | 먹자골목에 중간에 위치하여 추후 권리금 보전 가능 | 5 |

이처럼 간단한 수준의 입지평가표를 작성하는 과정을 거쳐 최종 선택의 기준으로 삼으면 된다. 필자가 점포를 선정할 때 개인적으로 가장 중요하게 생각하는 이론은 '가시성'과 '접근성'이다. '가시성'은 말그대로 노출이 잘 되어 있는 점포다. 이는 집객력이 좋으므로 오프라인 매장은 가시성이 좋을수록 장기 운영 시 수익이 비율 상승할 확률

이 높다. 또한 '접근성'은 대중교통과 자가 교통 이용 시 편리한 위치에 있을수록 구매 빈도수가 높으므로 가시성과 더불어 교통 접근성을 꼼꼼히 따져 봐야 한다.

# 4.
# 영업 개시 전 각종 인허가

### 1) 권리금 계약/임대차 계약

사업 입지를 정하고 상가를 계약할 때는 주거 공간을 비롯한 다른 요소들을 잘 살펴봐야 한다. 중요하게 살펴봐야 할 요소들을 몇 가지 꼽자면 다음과 같다.

첫째, 권리금 계약을 '잘'해야 한다. 잘한다는 것은 계약을 위한 권리금 금액이 적절한지, 어디까지 인수하는 것인지를 잘 파악해야 한다는 말이다. 상가를 계약하기 전에 보통 권리금 계약은 전 임차인과 진행하게 된다. 권리금이라는 것은 명목적으로 정해져 있을 뿐, 법적으로 정해진 것이 아니므로 보통의 경우 양도하는 임차인이 그가 계약할 때 이전 임차인과 제시하고 계약한 금액에서 정해진다.

권리금은 소위 바닥 권리금, 시설 권리금, 영업 권리금으로 구성된다. 각 개념에 관해 설명하자면, 바닥 권리금은 말 그대로 좋은 상권에 위치한 상가의 이점에 대해 무형적으로 발생하는 가치이다. 예를 들어, 먹자골목이나 대학가 등 A급 상권에 위치한 가게에서는 억대의 권리금이 거래된다. 시설 권리금은 인테리어와 집기 및 가게를 구성하는 시설 등의 가치를 환산한 것이다. 영업 권리금은 한 곳에서 꾸준히 같은 업종만을 고수하여 기존의 거래처와 고객이 다수 있는 영업적 노하우에 대한 가치를 환산한 것이다. 현재는 바닥 권리금과 시설 권리금을 중심으로 상가 권리금이 형성되어 거래되는 것이 보통이다. 권리금 계약을 할 때는 권리 계약을 꼼꼼하게 살펴봐야 한다. 금액적인 부분에서 전 임차인이 제시한 권리금이 적절한지를 살펴봐야 한다. 권리금 계약 시 집기 및 시설의 인수 범위는 너무나 다양해서 나열하기 힘들기 때문에, 동영상을 촬영해 잘 파악하고 이를 명시해야 한다. 전 임대인이 렌트한 집기나 계약을 해지하기 어려운 시설이 있을 수도 있으니, 이를 명확하게 파악한 후 계약서에 특약으로 명시해야 한다. 이 과정에서 주의할 점은 같은 상권의 주변 상가를 방문하여 불편하지 않게 물어보며 알아봐야 한다는 것이다.

둘째, 상가 임대차 계약 후 '대항력'을 갖추어야 한다. '대항력'은 말 그대로 누군가에게 대항할 수 있는 힘이다. 다르게 설명하자면 본인보다 후순위에 있는 권리자에 대해 임차 목적물을 계속 사용하고 수익을 내기 위해 인도를 거절할 수 있는 법률상의 힘을 말한다. 대항 요건을 갖추면 '임대차 기간 동안 상가 건물에서 영업할 권리'와, '계약 기간이 끝났을 때 보증금을 반환받을 때까지 상가 건물을 명도하지 않을 권리'가 생기는 것이다. 그렇기에 경매, 공매, 매매, 증여 등으로 임차 건물의 소유자가 변경되는 경우에도 임대차 계약 기간이 남은 동안에는 그 건물에서 영업을 할 수 있게 된다. '대항력'을 갖추기 위한 요건은 바로 '건물의 인도'와 '사업자 등록'이다. 즉, 「주택임대차보호법」에서는 주택의 인도와 주소 이전이 대항력의 요건이지만, 「상가건물 임대차보호법」(약칭 「상가임대차보호법」)에서는 세무서에 가서 사업자 등록을 신청하고 확정 일자를 받으면 다음날 0시부터 대항력이 발생하게 되는 것이다.

2018년 6월, 상가 임대차 갈등을 극명하게 보여준 '궁중 족발 사건'이 매스컴을 탄 이후에 권리금 회수와 동시에 삶의 터전을 빼앗기는 비극적인 상황이 발생하지 않도록 「상가임대차보호법」이 개정되었다. 이전에는 건물 주인과 임대차 계약을 하는 경우 최장 5년 동안 「상가임대차보호법」이 적용되어 보증금과 임대료 증액에 대한 제한이 있었지만, 최근에 법이 개정된 이후에는 최장 10년 동안 「상가임대차보호법」의 보호를 받을 수 있게 되었다. 그렇기에 장사가 잘되는 가게가 건물주의 횡포로 인해 권리금을 받지 못하고 거리로 내몰리는 일은 쉽게 발생하지 않게 되었다. 이 법은 2018년 10월에 공포되어 이후의 임대차 계약에 대해서는 모두 적용받을 수 있다. 또 「상가임대차보호법」은 상대적 약자인 임차인을 위해 마련된 법이고, 이해를 위해 대단한 법률적 지식이 필요한 내용이 아니므로 장사를 하는 입장에서 한 번쯤 살펴보고 인지하고 있으면, 계약을 할 때 임차인의 권리금을 내세우는 데 큰 도움이 될 것이다.

## 2) 브랜드 상표 등록과 상표권 보호

프랜차이즈 가맹 사업의 핵심 요건은 상호, 즉 브랜드의 상표권 보호라고 할 수 있다. 상호와 상표는 엄밀히 따지면 구분이 된다. 상호는 법인이나 개인이 영업상 자기를 표시하는 명칭으로 동일성을 표시하는 기능을 하고, 상표는 상품에 부착하는 제품의 동일성을 가지는 것을 목적으로 한다. 그러나 현재의 특허청 상표 등록의 형태는 상호+상표=브랜드로 인식하는 경향이 있어 상호를 바탕으로 상표권 등록을 하는 추세이다. 가맹 본부는 브랜드를 바탕으로 서비스 및 판매를 전개하므로 가맹 사업에 있어서 당연히 최우선으로 고려되어야 한다. 이를 간과하고 가맹 사업을 시작할 경우 미래에 자칫 큰 파장과 피해를 볼 수 있기 때문이다.

상표권 등록은 본인이 판매 및 서비스하는 아이템과 이미지(BI+CI)가 일치하도록 구성하여 상호를 정한 다음 특허청에 상표권 등록을 하면 된다. 현재의 상표권 등록은 자가로도 할 수 있게 편리하게 되어 있지만, 처음 사업을 경험하는 분은 변리사를 통하여 등록하는 것을 추천한다. 예전보다는 변리사를 통하여 상표 등록을 위임하는 비용이 많이 저렴해졌기 때문이다.

이 책에서는 간단히 본인이 등록하고자 하는 상표를 자가 진단하여 쉽게 상표를 우선 검토하는 팁(Tip)을 설명해 보겠다. 다음의 그림 및 설명을 보자.

① 먼저, 네이버 포털 검색창에 키프리스라 검색하고 특허정보검색 서비스를 클릭하여 해당 사이트로 이동한다.

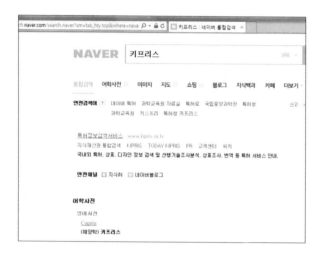

② 다음으로는 상표 탐색을 선택한 후 본인이 원하는 상호를 입력 하면 기등록되거나 심사 중인 상표가 검색된다.

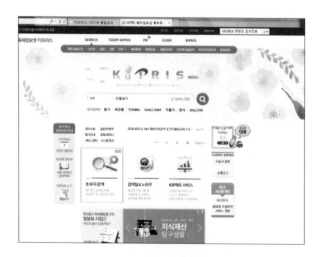

③ 이를 바탕으로 상표를 우선적으로 검토하여 자가 진단을 실시한다면 시간과 비용을 절약하여 손쉽게 상표 등록 진행 여부를 고민할 수 있다.

④ 마지막으로 상표권 등록은 프랜차이즈 사업의 첫걸음이자 첫 단추이기 때문에 반드시 보호받을 수 있도록 최우선으로 고려하여야 한다.

## 3) 영업 개시에 필요한 신고 및 허가

오프라인 직영점을 개설하기 위해서는 각종 신고 및 허가가 필요하다. 이 책은 외식업 프랜차이즈에 초점을 맞추고 있기에 본부에 속한 직영점(식당)을 오픈할 때 필요한 절차에 대하여 설명하고자 한다.

음식점을 개업하는 데 필요한 주요 서류로는 ① 임대차 계약서, ② 영업 신고증, ③ 사업자등록증 등이 있다. 유흥주점 등 접대가 들어가는 식품 접객업을 빼고 음식점에는 크게 두 가지의 신고 대상이 있다. 일반 음식점과 휴게 음식점이다. 이 두 업종은 신고 대상이기에 허가 대상보다는 서류가 보편적으로 간단하다.

둘의 차이점은 주류 판매 유무이며 서류상 영업 신고를 하기 위해서는 다음과 같은 서류와 조건이 필요하다. ① 보건증(건강진단결과서) ② 위생교육 수료증 등의 서류가 그것이다. 영업 신고를 하기 위해서는 보건소에서 보건증을 받아야 하는데 예전에는 보건증 접수 확인

서로도 대체가 가능했으나 현재는 관청마다 해설이 다르므로 보건증을 확실히 구비하는 것이 좋다. 또한, 보건증은 3일 정도 뒤에 나오기 때문에 오픈 일정에 맞게 진행하려면 서둘러 미리 받아두는 것이 좋다.

두 번째는 위생교육 수료증이다. 예전에는 오프라인 집합 교육을 6시간 동안 받았지만, 최근에는 온라인과 모바일에서도 연동되어 시간과 장소에 구애받지 않고 위생교육을 받을 수 있게 되었다. 서류 3가지를 가지고 해당 시·군·구에 속한 위생교육과에 방문하여 서류를 제출하면 거의 대부분 즉시 영업 신고증을 받을 수 있다.

마지막으로 영업 신고증을 교부받아 ① 임대차 계약서, ② 영업 신고증을 가지고 해당 세무서에 방문하여 사업자등록신고를 하면 된다.

| | | 일반·휴게음식점,<br>제과점, 위탁급식영업 신고 | 유흥·단란주점 허가 |
|---|---|---|---|
| 신고자 | 본인 | 신분증, 도장 | |
| | 대리인 | 영업주 인감증명서 및 인감도장, 대리인의 신분증 및 도장, 위임장 | |
| | 법인 | 법인 인감증명서 및 법인도장, 대리인의 신분증 및 도장 | |
| 구비서류 | 신규 | · 영업신고증<br>· 위생교육필증<br>· 건강진단결과서<br>· 소방방화시설완비증명서 (지상2층 :<br>　100㎡이상 / 지하 : 66㎡ 이상일 경<br>　우)<br>※ 영업장이 1층에 소재할 경우 해당없<br>　음<br>· 액화석유가스검사필증(LPG 사용시) | · 영업허가신고서<br>· 위생교육필증<br>· 건강진단결과서<br>· 소방방화시설완비증명서 (지상2층 :<br>　100㎡이상/ 지하 : 66㎡ 이상일 경<br>　우)<br>· 액화석유가스검사필증(LPG 사용시)<br>· 전기안전검사필증<br>· 학교정화구역심의서 |
| | 지위승계 | · 영업지위승계신고서<br>· 양수자 위생교육필증<br>· 양수자 건강진단결과서<br>· 양도자 영업신고증 원본<br>· 양도·양수계약서(양도·양수를 증빙할<br>　수<br>　있는 서류) | · 영업지위승계신고서<br>· 양수자 위생교육필증<br>· 양수자 건강진단결과서<br>· 양도자 영업신고증 원본<br>· 양도·양수계약서(양도·양수를 증빙할<br>　수<br>　있는 서류)<br>· 가족관계증명서(신원조회용)<br>※ 등록기준지(본적)를 정확히 알고 있<br>　을<br>　경우 가족관계증명서 구비하지 않아<br>　도 됨. |
| 개별구비서류 | | - 위탁급식업<br>· 조리사 혹은 영양사 면허증 및 건강<br>　진단결과서<br>· 집단급식소 위탁계약서<br>※ 조리사 혹은 영양사 면허증이 있을<br>　경우 위생교육 받지 않아도 됨. | |
| 확인사항 | | 건축물관리대장상의 건축물용도 및 토지이용계획확인서의 식품접객업 영업이 가<br>능한 지역인지 여부 확인 | |
| 처리기간 | | 즉시(3시간 이내) | · 신규 : 3일<br>· 지위승계 : 신원확인 후 즉시(3시간 이<br>　내) |
| 수수료 | 신규 | 28,000 원 | |
| | 지위승계 | · 소재지변경 외 : 9,300원<br>· 소재지변경 : 26,500원 | |

일반 음식점 영업 신고 구비 서류

# 5.
# 인테리어 설비 및 시설 집기

## 1) 직영점 인테리어 콘셉트 정하기

직영점을 창업할 때는 처음 인테리어 콘셉트를 잡는 것이 조금은 힘들고 복잡하다. 프랜차이즈는 통일성의 의미를 크게 두는데, 내·외부적으로 비중을 많이 두는 것이 인테리어이다. 그러므로 인테리어 콘셉트, 즉 직영점의 인테리어는 짧게는 5년, 길게는 10년 정도의 브랜드 이미지에 맞게 디자인해야 한다. 디자인과 콘셉트를 정할 때는 기존의 장수 브랜드의 디자인과 외국 브랜드의 디자인 또는 본인이 정한 외식 종목에 맞게 이미지를 만들어야 한다. 인테리어 콘셉트는 직영점과 가맹점에 중점을 두고 정해야 하는데 몇 가지 중요 포인트가 있다. 그 포인트는 바로 '① 브랜드와 일치, ② 판매 종목과 일치, ③ 비용의 적절성'이다.

이를 좀 더 자세히 설명하자면 다음과 같다.

첫째, 브랜드를 쉽게 알리고 접근할 수 있도록 하는 인테리어는 간판과 내부 디자인이다. 외부 디자인은 간판이고 내부 디자인은 가게 안 벽면에 부착된 제품 설명서 및 메뉴판이다.

둘째, 판매 종목과의 일치는 쉽게 말해서 외식업 중 일식이냐, 중식이냐의 차이이다. 요즘 유행은 외식업도 카페풍의 고급스러움이 콘셉트다. 물론 이질감을 느끼게 하는 콘셉트는 오히려 반감을 살 수 있으므로 적절하게 매치시켜야 한다.

마지막으로 비용의 적절성은 직영점뿐만 아니라 추후 가맹점이 투자해야 하는 기본 비용이기 때문에 고급과 실용을 앞세워서 적절한 금액에서 인테리어 비용을 산정해 놓고 디자인해야 한다.

## 2) 시설과 집기 품목 리스트 작성

　직영점의 인테리어 콘셉트가 정해지면 외식업 종목에서는 주방과 홀이 크게 분리되어 시설과 집기가 정해진다. 앞서 말한 일식과 중식은 주방 설비(냉장고, 가스레인지 등)부터 주방 동선이 확연히 차이가 난다. 또한, 홀(객실)도 좌식, 테이블, 룸 등 종목에 따라 스타일이 달라진다. 인테리어 콘셉트를 정할 때 간접적으로 비교하거나 비슷한 곳에서 팁을 얻는 것이 시간적으로나, 경험상으로나 안정적일 수 있다. 그러나 본인이 정한 브랜드의 이미지와 콘셉트에 맞게 주방 및 홀을 설계해야 한다. 또한, 직영점에서 실제로 사용된 금액과 품목 등의 리스트를 기재하고 꼼꼼히 작성해야 한다. 추후 가맹점 개설에 있어서 비용 산정에 꼭 필요하기 때문이다.

　품목 리스트는 다음과 같이 간단하게 작성하고 영수증 등을 첨부해 두면 추후 세금 및 비용 산정에 큰 도움이 된다.

| 본점 인테리어 세부견적서(평) | | | | |
|---|---|---|---|---|
| 구분 | 세부내역 | 3.3㎡당 단가 | 산출금액 | 비고 |
| 내부공사 | 목 공사 | | | |
| | 전기공사 | | | |
| | 덕트공사 | | | |
| | 타일공사 | | | |
| | 설비공사 (방수, 하수, 수도) | | | |
| | 도장/미장공사 | | | |
| 외부공사 | 간판/외부선팅 | | | |
| | 외장마감 | | | |
| 기타공사 | 철거공사 | | | |
| | 붙박이/의·탁자 | | | |
| | 음향 | | | |
| 출입문 공사 | 자동문 1대 | | | |
| | 어닝 | | | |
| 합계 | | | | |
| 주방기기설비 및 설비 | | | | |
| 홀/주방집기 | 주방집기 등 약 100여가지 | | | |
| 홍보/판촉 | 유니폼/메뉴판 등 약 12여가지 | | | |
| 합계 | | | | |
| 총 합계 | | | | |

인테리어 및 집기 품목 리스트 예시

### 3) 인테리어 감리 및 시공사 선정

프랜차이즈를 전문으로 토탈 시공하는 업체가 있으며 또는 감리 및 도면 초안만을 설계해 주는 업체가 있다. 온라인 및 오프라인 업체를 몇 군데 선정하여 3곳 이상의 업체에서 견적을 받아서 견적 및 설계 분석 후 포트폴리오를 받고 검토 후에 진행하는 것이 좋다. 한 번 연을 맺은 업체는 다음 가맹점 개설 때 많은 도움이 되기 때문에 초기 1인 가맹 본부를 목표로 하는 대표는 인테리어 업체 선정에 있어서 많은 루트와 정보를 통해서 신중하게 결정해야 한다.

1인 본부 대표는 직영점 창업 시 초기 인테리어를 시공할 때 꼭 참관하여 기본적인 설계를 감리와 함께 상세하게 기록하고 경험해야 한다. 그래야 다음 가맹점 인테리어 때 놓친 부분과 개선할 부분 등을 확실히 파악하여 개선 시공할 수 있기 때문이다.

외식업 감리에 필요한 공정은 6가지로 압축할 수 있다. 다음의 표를 참고하자.

| 기초 공사 = ① 간판, ② 목공, ③ 전기 |
| --- |
| 마감 공사= ④ 설비, ⑤ 타일, ⑥ 도장 |

　인테리어 감리 및 직접 시공은 1인 가맹 본부의 핵심 역량이기 때문에 반드시 직영점을 창업할 때 직접 참여하기 바란다.

# 6.
# 개점 후 사후관리

## 1) 직영점 영업 개시 후 초기 점포 운영에 대한 구조 분석

창업을 직영점부터 처음 시작하는 1인 대표는 초기 직영점 오픈 이후 실제적인 직영점 운영에 따른 구조 분석을 실시하는 것이 좋다.

초기에는 직영점 오픈 이후 영업 도중에 나타나는 여러 가지 현상과 문제점 및 개선점들이 포착되기 때문에 시행착오 면에서 우선적으로 본부가 이를 받아들이고 인지하고 있어야 한다. 추후 신규 가맹점 오픈에서도 비슷하게 적용되기 때문이다.

초기 점포 운영 구조 분석은 일주일 단위와 한 달 단위, 분기별 단위로 구분되고 그 후부터는 1년 단위로 기록하면 된다. 다음과 같은 예시로 매출 및 수익 구조 분석표를 작성하면 된다.

〈매출 및 수익 구조 분석표〉

| 매출분석표(7일 단위 표) | | | | | | | |
|---|---|---|---|---|---|---|---|
| 일자 | 1 | 2 | 3 | 4 | 5 | 6 | 7 |
| 매출액 | | | | | | | |
| 재료비 | | | | | | | |
| 인건비 | | | | | | | |
| 관리비 | | | | | | | |
| 임대료 | | | | | | | |
| 수수료 | | | | | | | |
| 수익 | | | | | | | |
| 기타 | | | | | | | |

　　최근에는 POS 단말기를 이용하여 편리하게 매장의 매출 분석을 할 수도 있다.

POS 시스템을 활용하는 방안

## 2) 직원/고객/보험/세금 관리하기

직영점을 처음 창업하는 사업자는 운영 도중에 피할 수 없는 수많은 과제를 만나게 된다. 그중에서 제일 중요한 4가지 주요 과제들을 뽑을 수 있는데 직원, 고객, 보험, 세금 등이 그것이다.

실제로 세금과 보험 관리는 노무사 및 세무사를 통하여 일정 비용을 지불하면서 관리받는 것이 요즘의 추세이다. 특히 식당의 경우, 카드 매출 빈도가 높고 직원의 수도 많으며 잦은 이입, 이직으로 인하여 신경 쓸 부분이 많기 때문이다.

고객 관리도 최근에는 매출을 크게 좌우하는 하나의 생존 수단이 되었다. 직접 쿠폰 발급 및 명함을 통한 전화번호 수집·등록 및 문자 발송 등의 개인적인 고객 관리도 있지만, 최근에는 애플리케이션 및 SNS 등의 웹 기반 고객 관리가 각광받고 있다.

지속해서 최저시급이 높아지고 과당경쟁으로 인한 출혈이 빈번하게 발생하는 자영업자를 위해서 정부에서는 4대 보험 지원 사업을 추진하고 있으므로 초기 사업자들은 꼭 등록하여 지원받는 것이 현명하다.

직영점을 창업하고 나서는 정부 지원 사업이 무엇이 있는지 평상시에 관심을 가지고 수시로 확인하는 자세가 중요하다. 또한, 운영 도중 매출 관리도 중요하지만 앞서 제시한 4가지 주요 과제들을 잘 체크하는 것이 지속적인 운영에 많은 도움이 된다. 그렇기 때문에 정부 지원과 관련해서는 항상 관심을 두고, 반드시 신청할 수 있도록 하는 것이 좋다.

공식 정부 지원 예시

※ https://blog.naver.com/yestv_blog(소상공인 공식 블로그, 키워드 '자영업자 지원' 검색)

※ http://insurancesupport.or.kr(4대 보험 지원 사이트, 키워드 '두루누리' 검색)

### 3) 컴플레인 및 분쟁에 대한 예방과 해결방안

식당에는 불특정 다수의 이용자가 찾아온다. 어떤 곳에서 문제점이 발생할지는 그 누구도 모른다. 대부분의 손님 컴플레인은 음식 및 직원의 태도 또는 취객 손님에게서 발생한다. 음식에서 발생하는 두 가지의 큰 애로사항은 주문한 음식을 먹고 탈이 나거나 음식에 이물질이 들어가 치아가 손상되는 경우이다. 이때는 사과의 뜻을 정확히 전달해야 한다. 그러나 가끔은 큰 액수의 병원비를 요구하는 손님도 있다. 이럴 때를 대비하여 식당은 필수적으로 화재보험에 가입해야 한다. 음식점 화재보험은 화재뿐만 아니라 음식물배상책임보험도 포함할 수 있어서 여러모로 도움이 된다.

두 번째는 직원의 태도를 꾸짖거나 비난하는 고객이 생각보다 많다는 점이다. 소위 말하는 '진상 손님'이 생각보다 음식점에는 많다. 그러다 보니 직원들의 스트레스가 누적되어 불만이 해소되지 않는 경우가 있다. 이런 경우는 대부분 사장이 처리해야 한다. 사장이 직접 정중하고 정당하게 손님의 불평을 듣고 개선하는 자세가 중요하다. 그리고 해당 직원의 상처 입은 자존심을 위로해 주어야 한다. 예방보다는 관리하는 습관이 필요하며 업력이 오래될수록 진상 손님은 꽤 정리된다.

마지막으로 술을 파는 음식점일수록 골치 아픈 취객 손님이 있다. 취객 손님의 가장 큰 애로사항은 분실물이다. 기억을 잘 못 하다 보니 자칫 잘못하면 가게의 잘못으로 몰아간다. 여기에 아주 좋은 예방법이 있다! 바로 CCTV다. 최근에는 고화질로 모바일로 연동이 되며

녹음 기능도 탑재된 카메라가 있다. 초기에 꼭 설치하여 만약의 사태에 대비해야 한다. 이처럼 보험과 CCTV를 준비하고 구비한다면 기술적인 부분에서의 문제점은 어느 정도 해결될 것이다.

# 4

CHAPTER

# 직영점
# 장사하기
## _ 실무편

### 직영점 운영 기술의 중요성

직영점은 독립 창업이 아니라 가맹 사업을 목적으로 두
는 하나의 핵심 요소이므로, 직영점을 창업하고 운영하
는 방식도 독립 창업과는 조금 다른 방식으로 접근해야
한다.

따라서 이번 장에서는 직영점을 실제로 운영하는 방식과
노하우에 관하여 이야기해 보고자 한다.

# 1.
# 직영점 운영 노하우

## 1) 직접 모든 것을 경험하고 숙달하라

　최근 큰 인기를 얻고 있는 프로그램인 SBS의 〈골목식당〉을 보면 창업자들, 특히 요식업과 관련해서 창업을 한 사람과 예비 창업자들이 대표적으로 착각하는 사례를 어렵지 않게 확인할 수 있다. 바로 '주방을 담당할 사람을 두고, 본인은 경영에 관련된 일만 하면 되겠지'라는 안일한 생각이다. 그러나 현실은 절대 그렇지 않다. 특정한 일을 담당하고 맡길 수 있는 사람을 두는 것과는 상관없이 본인이 창업하고자 하는 사업체가 있다면 본인이 직접 모든 것을 경험하고 숙달할 필요가 있다. 〈골목식당〉에서 요식업계의 일인자인 백종원 님께서 식당 주인들에게 재료 관리, 손질부터 메뉴 선정, 가격 조정 전반에 걸쳐 솔루션을 제공하는 것만 봐도, 본인이 모든 것을 다 알아야 성공할 수 있다는 사실을 확인할 수 있다.

　특히 본인의 사업을 프랜차이즈화하고자 하는 욕심이 있는 창업자라면, 첫 번째 가게 직영점을 차릴 때 상가 계약부터 인테리어 공사까지 모든 작업의 수행과 결정을 직접 내리고 그 경험을 기록으로 남겨둘 필요가 있다. 요식업 음식점의 경우 가게를 구성하는 두 가지 기둥은 주방과 홀이다. 가게의 성공을 위해서는 두 부문 모두에서 수준 높은 완성도를 갖추고 있어야 한다. 그리고 그러한 수준 높은 서비스를 제공할 수 있는 지침이 본인 스스로에게 있어야 한다. 달리 말하자면 사장 본인이 가게의 매뉴얼 그 자체가 되어야 한다는 말이다. 예를 들어, 주방에서는 칼을 쥐고 팬을 잡고 메뉴를 만드는 것에서부터 막힌 하수구를 뚫고 주방 바닥을 정리하며 주방에서 발생한 쓰레기를 처리하는 것까지, 홀에서는 서빙을 하고 계산을 하는 것에서부터 화장실 변기를 뚫고 진상 손님을 대처하는 것까지 가게 안에서 발생할 수 있는 모든 일에 대한 '전천후 마스터'가 되어야 한다. 아르바이트(알바)생의 역할, 직원의 역할, 사장의 역할 모두를 본인이 직접 아는 것에 그치지 않고 다른 이들에게 각 역할을 가르쳐 줄 수 있는 수준으로 통달해야 한다.

요식업에 익숙하지 않은 사람에게 이것은 가장 어려운 과제가 될 것이다. 하지만 이를 숙달하지 못하고 요식업 창업의 성공을 바라는 것은 공부하지 않고 좋은 시험 성적을 바라는 것과 다름이 없다. 가장 힘들고 부담감이 큰 과제인 만큼, 성공에 있어서 가장 핵심적인 요소라는 것은 아무리 강조해도 지나치지 않다.

또 손님을 대하는 일이 익숙하지 않을 수도 있다. 특히 원래 내성적인 성격인 경우 여러 사람을 대하는 것 자체가 큰 스트레스로 다가올 수도 있다. 하지만 손님 각각의 얼굴을 기억하고 "또 오셨네요?", 혹은 나아가서 그 손님이 즐겨 먹는 메뉴를 기억하며 "같은 것으로 드릴까요?"와 같은 인사말을 하나 건네는 것은 그것을 위해 투자해야 하는 노력에 비해 엄청난 가치를 가진 행동이다. 본인이 원래 그런 성격이 아니라 하더라도 마치 연극을 하듯이 '친절하고 살가운 사장님'이라는 본인의 캐릭터를 설정하고, 장사를 할 때도 그 캐릭터를 연기하는 마인드를 갖고 장사에 임할 필요가 있다.

위에서 말한 가게 곳곳에 필요한 요소들과 서비스를 충분히 숙달하고 있다고 하더라도, 사업을 하며 불특정 다수를 상대하는 일은 큰 스트레스로 다가올 것이다. 특히 드물지 않게 들려오는 '진상 손님'에 대한 이야기들은 예비 창업자에게 하나의 '공포'로 다가오기도 한다. 한국에 서비스업이 크게 자리 잡기 시작하던 시점에 '손님은 왕이다'라는 잘못된 인식이 자리 잡으면서, '소비자 갑질'이 현재 많이 줄어들었다고는 하나 아직도 관련 사건들이 자주 일어나고 있다.

"손님은 왕이다."라는 말의 유래는 리츠칼튼호텔의 창업자인 세자르 리츠(1850~1918년, 스위스의 기업인)가 남긴 말에서 시작되었다고 전해진다. 세자르 리츠가 운영하던 호텔은 왕후 귀족들이 이용하던 고급 호텔로, 실제로 그 호텔의 고객들이 '왕족'이었기 때문에 나온 말이라고 할 수 있다. 하지만 한국에 이 말이 잘못 전해지면서 마치 구매력을 가진 손님을 가게 사장과 직원들이 왕처럼 떠받들어야 한다는 잘못된 변용으로 이어졌다. 이런 잘못된 사고방식을 가진 진상 손님들에게는 '손님은 왕이지만, 이곳을 만든 사장과 직원들은 신이다'라는 마인드로 대할 필요가 있다. 직원이 행복해야 손님이 행복하고, 직원의 행복은 사장이 지켜줘야 한다. 특히 사회 경험이 많지 않은 '알바'가 주로 일하게 되는 고객들을 직접 상대해야 하는 홀 직원들의 경우, 진상 손님이 주는 좋지 않은 기억 하나가 큰 스트레스를 주어 일을 그만두고 싶은 마음까지 이어지게 할 수도 있다. 따라서 진상 손님을 상대하는 매뉴얼을 확실히 제시하고, 사장은 그런 손님들로부터 직원을 보호할 수 있는 방파제의 역할을 확실하게 수행할 수 있어야 한다.

## 2) 주방부터 홀까지 모든 것을 내 것으로 만들어야 하는 이유

모든 일이 마찬가지이지만, 식당 일은 특히나 팀워크가 중요하다. 큰 외식업체는 분업이 잘 되어 인력이 충분하지만, 대부분의 중소 외식업체는 주방에서 홀까지 1~2인 정도의 최소 인원으로 사업이 운영된다. 그래서 어쩌다가 홀 서빙 인원이 갑자기 빠지게 되면 가게 운영에 큰 차질을 빚게 된다. 그러나 사장이 홀부터 주방까지 모든 운영을 세세하게 알고 있으면 하루 이틀 정도는 버틸 수 있는 여력이 있다. 그간 돈독하게 쌓은 팀워크가 빛을 발하는 순간이다.

필자 역시 처음에는 홀과 주방을 도맡아서 일했다. 인원이 부족해서가 아니라 본인의 아이템으로 시작된 외식업이기 때문에 직원이 갖는 고충과 문제점 등을 직접 파악하려고 일부러 개업 후 홀 서빙을 자처했다. 만약 그때 홀 서빙을 하지 않았더라면 아마도 지금의 한돌참치는 존재하지 않았을지도 모른다.

그리고 식당의 사장은 홀뿐만 아니라 주방까지 구석구석 파악하고 있어야 한다. 직원을 구해서 일을 맡긴다고 하더라도 사장은 직원에게 업무 지시를 할 수 있는 경험과 지식이 필요하다. 믿고 맡겨도 되는 직원 역시 누군가는 관리 감독을 해 주어야 가게가 원만하게 잘 돌아가기 때문이다. 그러므로 식당 일을 시작하면 홀부터 주방까지 모든 것을 알고 직접 자신의 것으로 만들어야 직원도 쓸 수 있고 가게도 꾸준하게 잘 운영할 수 있다.

## 3) 즐기면서 해야 한다

일을 할 때는 즐기면서 해야 한다. 고로 '마인드 컨트롤(mind control)'이 제일 중요하다. 사실 식당 일을 처음 시작하면 소위 '오픈발'이라는 게 있다. 말 그대로 개업한 식당은 손님을 끌기 위하여 여러 이벤트를 시작하고 또한 손님들은 단정하게 개업한 식당을 자연스럽게 찾게 된다. 사장은 이때는 잘 모른다. 가게가 매일 바빠서 평생 그렇게 장사가 잘될 것이라고 믿는다.

하지만 그러다 소위 말하는 오픈발이 점점 사그라지고 원래대로 매출이 복귀하여 평균을 찾게 되는데, 사실 이때부터가 진짜 식당 장사가 시작된 것이다. 필자 역시 직영점 오픈 후 처음 3개월간은 달콤한 꿈을 꿨다. 그러나 지금 생각해 보면 그때는 거품 매출일 뿐이었다. 대부분 발생하는 자연적인 현상이었지만, 누군가의 귀띔조차 듣지 못했었기에 더욱 실망이 컸었다. 그때는 누구에게 하소연조차 못 하는 상황이라 혼자 끙끙 속앓이했었다. 따라서 현재는 가맹점주님에게 교육할 때, 오픈하기 전에 꼭 현실을 직시할 수 있도록 중간마다 매출에 대해 조언해 준다.

식당 일은 즐기면서 하기에는 매출에 따라 심리적 불안감 등의 감정 기복이 큰 사업이다. 그러나 식당 일 자체가 원래 그렇다는 것을 현실적으로 받아들이고 장사가 잘될 때나, 안될 때나 한결같이 그 상황, 일 자체를 즐기면서 식당 일에 매진해야 한다.

필자 역시 예전에는 일일 매출에 따라 감정 기복이 컸었지만, 그때마다 본인을 괴롭히는 매출에 대한 불안감이 지속될수록 나만 스트레스받고 힘들다는 것을 깨달은 이후부터는 일일 매출이 아닌 월 매출을 지켜보게 되었다. 그리고 이제는 월 매출이 아닌 분기 매출로 따져보기로 마인드 컨트롤을 한 이후론 일일 매출에 대한 스트레스를 전혀 받지 않는다. 식당 일은 결국에는 마인드 컨트롤이 성공을 가늠케 하는 큰 잣대이다.


## 4) 기왕이면 젊었을 때 식당을 운영해 보자

필자는 33세에 외식업 프랜차이즈에 도전장을 내밀고 첫 직영점을 창업했다. 그 이후로 주변을 둘러보면 나보다 훨씬 어린 나이에 도전하는 친구도 있는 반면에 제법 은퇴할 나이에 다시 시작하는 분들도 계신다. 왜 젊었을 때 식당 창업을 권장하냐면, 생각부터 몸까지 나이가 들수록 직접 식당 일을 하기 어려워진다는 사실을 깨달았기 때문이다. 필자 본인도 30대 초반에 시작하여 지금은 40대를 바라보는 시점이라 가끔 작은 일에도 쉽게 지치거나 부정적인 생각을 하는 경향이 들곤 한다. 물론 열정과 도전에는 나이가 중요하지 않겠지만, 식당일은 체력도 어느 정도 받쳐줘야 사업을 유지할 수 있기 때문이다.

최근에는 24살의 젊은 청년이 마구로한돌 수유1호점으로 도전장을 내밀었다. 한편으로는 젊은 나이라 부럽기도 하고 오히려 어린 나이라 불안하기도 했지만, 교육하고 가게 오픈을 해 보니, 역시 옛날 말처럼 "매도 먼저 맞는 게 낫다."라는 말이 실감 났다. 필자는 젊은 친구가 가맹점주로 참여하여 프랜차이즈 본부가 더욱 발전하고 또 다른 기회를 바라볼 수 있다는 생각에 젊음이 식당 일에는 큰 경쟁력이라고 생각한다. 손님들도 요즘에는 식당에서 일하는 분들이 젊은 분들일 경우 더욱 신뢰하고 좋은 이미지로 받아들이는 추세이다. 그러므로 외식업은 한 살이라도 젊었을 때 꼼꼼히 계획하여 창업한다면 더 큰 성공의 기회가 열리리라 생각한다.

## 5) 온라인 마케팅 홍보 직접 해 보기

지금은 온라인 마케팅 시대이다. 스마트폰이 대중화된 현대 사회에서는 대부분의 사람이 아침에 일어나서부터 잠들 때까지 많은 정보를 자연스럽게 스마트폰을 통해서 얻게 된다. 특히, SNS를 통해 소통하는 시대를 맞이한 지금은 어떻게 보면 불편 요소일 수도 있지만, 장사를 하는 입장에서는 기회임이 틀림없다. 유행에 민감하게 작용하는 외식업은 온라인 마케팅으로 인하여 매출이 크게 좌지우지된다.

필자는 최근에 유행하는 인스타그램과 네이버 블로그 정도는 직접 홍보 수단으로 이용하고 있다. 온라인 마케팅은 거대하고 복잡한 메커니즘이 아니다. 말 그대로 가상 공간에 나의 이야기를 사실에 기반하여 잘 전달하면 되는 것이다. 스마트폰만 있으면 언제 어디서라도 직접 온라인 마케팅을 할 수 있으므로 네이버 블로그, 페이스북, 인스타그램 등에 가입하여 간단하게 자체 홍보를 하는 것도 중요한 경험이 될 것이다.

직접 시도해 보고 결과가 나아지면 비용을 지불하여 전문 업체를 통해 단기적으로 마케팅을 진행하는 것도 식당 운영에 대한 하나의 노하우다.

스마트폰만 있으면 누구나 직접 할 수 있는 SNS 가게 홍보

# 2.
# 직영점 장사 성공 노하우

앞서 말한 내용들이 직영점의 기본을 만들기 위한 '기본'이라고 한다면, 지금부터 말하는 것들은 장사를 더욱 성공적으로 만들기 위한 개인적인 노하우라고 할 수 있겠다.

## 1) 손해 보는 장사는 결국 손님으로 남는다

사업 초창기에 지속 가능한 사업을 위해 가장 중요한 것은 고객 중에서도 '충성 구매층(고객층)'을 확보하는 것이다. 그리고 그러한 충성 고객층을 확보하기 위해서는 '맛은 기본, 친절은 덤, 관심은 최고의 선물'이라는 마음가짐을 가져야 한다. 단기적으로 손해를 보는 일이 있더라도 장기적인 고객 확보를 위한 투자라고 생각하는 것이다. 예를 들면, '서비스'를 주는 것이라고 쉽게 생각할 수도 있다. 충성 고객층을 확보하기 위해서 가장 중요한 지점은 바로 손님과의 정서적인 유대감을 만드는 것이다. 예를 들어, "이거 메뉴에는 없는 것인데 한번 드셔 보시라."라는 말과 함께 서비스 음식을 제공하거나 술집이라면 "술을 많이 드셨는데 국물도 같이 드시라."라는 말과 함께 국물 안주를 서비스로 하나 내어놓는다면 그런 공짜 안주에 드는 원재료비보다 그 고객과 만들 수 있는 정서적인 유대감이 훨씬 더 크다고 확실하게 단언할 수 있다.

또한, 가게 분위기를 만드는 것은 어디까지나 사장이다. 사장은 개그맨이 되어도 좋고 연기자가 되어도 좋다. 사장이 주력해서 만드는 가게 분위기는 직원들에게도 이어지고, 그렇게 만드는 가게의 분위기가 그곳에 방문하는 손님들이 받는 느낌을 좌우한다.

## 2) 꾸준한 자기관리만이 직영점을 지키는 원동력이다

요식업 사업체를 운영하는 것은 그것에 익숙하지 않은 사람에게는 상상도 하기 힘들 만큼의 큰 육체적인 노동을 필요로 한다. 영업시간 이외에도 식재료 준비를 위해 추가적인 시간과 노동을 필요로 하는 경우가 많으며, 이것은 그러한 노동에 익숙하지 않은 사람들에게는 생각지도 못했던 큰 스트레스와 육체적인 노동을 필요로 한다. 특히 장사 초기에 이런 예상치 못했던 수준의 큰 노동은 직원뿐만 아니라 사장에게도 큰 어려움으로 다가올 것이다. 이때 꾸준한 자기관리를 통한 컨디션 조절이 반드시 필요하다고 할 수 있다. 가게의 중심을 지키는 것은 사장이다. 사장이 가게의 중심을 지키기 위해서는 꾸준한 관리를 통한 체력이 기본적으로 있어야 한다. 가게를 운영하는 데 있어서 체력의 중요성은 아무리 강조해도 부족함이 없다.

장사는 단거리 달리기가 아니다. 장거리로 끊임없이 달려야 하는 마라톤과 같다. 갑자기 손님이 늘었다고 단기적인 수입을 위해 무리해서 자신과 직원들을 혹사시키는 것이 아니라, 장기적인 관점으로 본인이 최고의 컨디션에서 낼 수 있는 최고의 맛을 유지하는 것이 중요하다. 같은 맥락에서 손님이 갑자기 줄었다면, 단기적인 위기의식에 무리한 프로모션을 진행하는 것보다 손님이 줄어든 문제점이 무엇인지 장기적인 관점에서 차분하게 분석하고 해결책을 내어놓는 방법으로 해결해야 한다.

## 3) 레시피는 언제나 지켜야 하는 사명이다

아무리 서비스가 중요하다고 하더라도 요식업의 기본은 무엇보다도 '맛'이다. 그리고 가게의 맛은 그날 주방에 누가 있느냐, 누가 칼을 잡고 팬을 잡느냐와 상관없이 일정하게 유지되어야만 한다. 이를 위해서 가장 중요한 것은 레시피를 확실하게 '매뉴얼화'하는 것이다. 재료 준비에 오랜 시간이 걸리는 숙성 양념장이 있다면, 그것을 어떻게 만들고 얼마나 숙성시켜야 하는지에 대한 통일된 방법이 있어야 하며 주방장의 손맛과 기술이 중요한 메뉴가 있다면 기술이 부족한 사람이 이를 어떻게 재현해 낼 수 있는지에 대한 방법을 구상해야 한다. 확실한 레시피가 보장하는 꾸준한 맛이 요식업 성공을 위한 기본이다. 조금 더 나은 맛으로 개선할 방법이 떠올랐다면, 곧바로 레시피의 전체적인 수정으로 이어져야 한다.

또한, 레시피는 시대에 맞게 개선되어야 하고 대중적이어야 한다. 예전에는 조미료에 거부 반응을 보이는 손님이 많았지만, 요즘 추세는 조금 더 진하고 자극적인 맛을 원하는 추세다. 이는 소위 '먹방'과 같은 요리 예능 프로그램의 영향이 적지 않다. 필자 역시 처음 장사를 시작할 때는 무조건 조미료 없이 맛을 내는 것만이 음식을 파는 장인정신의 길이라고 생각했지만, 지금은 손님의 입맛에 맞춰 외식의 기쁨을 주는 것이 음식을 파는 식당 주인으로서 맞는 자세라 생각하기도 한다. 지속적인 레시피 개발과 보완은 브랜드의 힘이다.

생물 연어만을 고집하는 한돌참치

# 3.
## 본부와 직영점 지속경영 실전 노하우

### 1) 직영점을 100% 활용하자

직영점에서는 많은 일이 일어난다. 첫 사업을 시작하는 분들에게는 이 모든 것이 경험이자 교훈이 될 것이다. 직영점에서 일어나는 일들은 어쩌면 가맹점에서도 똑같이 일어날 수 있는 현재 진행형이기 때문에 직영점에서 일어나는 일들을 100%로 활용해야 한다. 이것이 가맹점 매뉴얼의 기초가 될 것이기 때문이다. 예를 들어, 손님 응대 방법에서부터 자주 일어나는 클레임 처리까지 직영점에서 다양한 형태로 손님의 반응을 살펴볼 수 있을 것이다. 이때 그냥 넘어가지 말고 손님을 잘 살펴보아야 한다. 살펴보고 깨달음을 얻으면 이것이 곧 손님 응대 매뉴얼의 기초가 될 수 있다. 사소한 것일지는 모르지만, 처음 가게를 운영하는 가맹점주에게는 큰 도움이 될 수 있다.

또한, 직영점은 신메뉴를 개발하기 제일 좋은 구조이다. 가맹점과 같은 구조를 지닌 직영점에서는 신메뉴를 개발하여 직접 고객에게 테스트하고 이를 바탕으로 가맹점에서도 똑같이 구현할 수 있으므로 직영점을 100%로 활용하여 메뉴 개발을 직접 한다면 가맹점에도 쉽게 적용할 수 있기 때문이다.

마지막으로, 직영점에서 처음 공사할 때 인테리어 및 설비 구조, 개점 이후의 장사할 때 실제로 나오는 구조에서 경험으로 얻는 것들은 1인 가맹 본부의 원천적인 기술력과 매뉴얼이 될 수 있다. 그러므로 항상 직영점을 100% 활용해야 한다.

직영점 공사 전

직영점 공사 완료 후

## 2) 직영점은 다른 가맹점의 롤모델이다

너무나 당연하게도, 본인이 구상하는 프랜차이즈를 만드는 데 있어서 본인이 처음 만든 직영점은 가장 중요한 역할을 한다. 상권을 분석하여 장사 입지를 선정하고, 임대차 계약을 하고 가게 인테리어를 하는 것과 직원을 교육하는 것까지, 본인이 직접 모든 업무를 담당하고 기록해 두어야 하는 이유가 여기에 있다.

그렇게 남겨진 기록이 곧 프랜차이즈 2호점을 위한 매뉴얼이 되기 때문이다. 그렇게 갖추어진 매뉴얼은 곧 시스템이 되며, 그러한 시스템을 구체적으로 갖출수록 새로운 가맹점을 오픈하는 것이 더욱더 수월해질 것이다.

## 3) 직원 채용은 경험이다

가게를 운영하는 데 있어서 가장 중요한 것은 바로 뜻이 맞는 좋은 직원을 채용하는 것이다. 사실 사람 간의 일이라는 것은 가장 어려운 일인 만큼, 좋은 직원을 만나는 것이 가장 중요하면서도 가장 어려운 일이라고 생각한다.

이 부분에 있어서 물론 필자 또한 많은 시행착오를 겪었다. 하지만 다양한 시행착오를 겪으며 필자가 내린 결론은, 사람을 만나는 데 있어서 결국 가장 중요한 것은 경험이라는 것과 직원들은 사장인 내가 어떻게 대하느냐에 따라 얼마든지 달라질 수 있다는 것이다.

초반에 많은 직원을 구한 다음에, 시행착오를 같이 겪어가며 일하다 보면 본인과 마음과 뜻이 맞는 사람을 점점 발견해 갈 수 있을 것이다. 그리고 직영점의 직원은 분점이나 프랜차이즈의 중요한 자리를 차지할 수 있는 핵심 직원이 될 수 있는 만큼 보다 믿을 만한 사람과 함께하는 것이 중요하다.

## 4) 세금 관리를 잘해야 살아남는다

처음 식당을 개업하는 사업자는 세금에 대해서는 안일할 수밖에 없다. 직장에서는 인사과 또는 경리과에서 분업해서 처리하는 업무지만, 실전 창업은 그 누구의 도움 없이 모든 것을 스스로 해결해야 하는 사막과 같은 상황이다. 특히 세금 문제는 더욱 복잡해진다. 요즘에는 카드 사용률이 거의 95% 이상을 차지하므로 매출이 오픈되어 카드 수수료부터 분기별 부가가치세, 종합소득세, 직원들 보험료 등 챙겨야 할 숙제가 산더미이다. 물론, 그렇다고 해도 크게 문제 될 것은 없다. 음식점은 요식업 협회에 가입할 수 있는데, 요식업 협회에서 부가세 정도는 신고해 주며 세금 처리를 도와주는 세무서를 알선해 주기 때문이다. 필자는 예전부터 부가가치세는 직접 홈텍스를 통하여 신고했었지만, 요즘에는 매출이 크게 발생하여 분기별로 세금을 신고할 때는 일시적으로 세무사에게 수수료를 주고 맡긴다.

또한, 월별로 기장을 맡기는 방식이 있는데, 기장이라는 것은 쉽게 말해서 세금에 관한 기입 장부라 생각하면 된다. 세금에 따라 분기별로 신고 납부를 할 때 필요한 자료를 수집하고 지속해서 노무 및 세금 관련 자문을 얻을 수 있다. 세무사를 통해서 세금 신고 납부를 진행할 때는 수수료를 지급하는 방식과 매월 기장료를 내는 방식이 있다. 처음 장사하시는 분들에게는 무조건 세무사에게 위임하여 월 기장을 맡기는 것을 추천한다. 그 이유는 세금에 대한 스트레스는 줄이고 장사에 더욱 매진할 수 있기에 월 지출 비용보다는 잠재적으로나, 심적으로나 얻는 것이 더 크기 때문이다. 큰 금액이 아니므로 처음 직영점을 운영할 때는 세무사를 잘 활용하여 초기에 부가세 환급 및 절세에 대한 관리를 잘하여 세금으로 인한 고통을 줄이고 안정적으로 직영점을 운영할 수 있어야 한다.

## 5) 메뉴 개발은 직영점에서 시작하여 가맹점으로!

필자는 직영점을 시작으로 음식 장사를 시작했다. 일식 요리학원을 2개월 동안 다닌 것이 전부였기에 음식점 사장님으로서 부족한 것이 많았다. 그래도 참치는 냉동이기에 접근이 쉬웠지만, 해가 갈수록 직영점에서 개발하고 만들어야 하는 음식 메뉴가 필요했다. 처음에는 정말 쉽게 생각하고 외식업을 창업했지만, 외식업은 곧 음식과 맛을 제일 기본으로 한다는 것을 오픈 후 3개월 뒤에나 깨달을 수 있었다.

처음에는 기초가 부족해서 필자와 동일한 종목을 하는 음식점을 찾아가 직접 맛보고 관찰하여 직영점에 돌아와서 비슷하게 재연하고 조금 더 업그레이드했다. 이를 반복하면서 스스로 기술을 연마하는 스타일이 되었다. 여기서 제일 중요한 사실은 직영점에서 시작된 메뉴는 곧 가맹점에서도 개시한다는 것이다. 직영점에서는 주원료를 기반으로 하는 메뉴 개발이 가장 필요하다. 예를 들어, 초밥 음식점은 회와 밥을 기준으로 한 메뉴 개발이 필요하고, 국수 음식점은 국물과 면을 기준으로 메뉴를 개발하는 것이 소비자에게는 더 연관성이 있어 보이기 때문이다. 이 점을 인지하고 직영점에서는 주원료를 기반으로 메뉴 개발을 실시하고 메뉴가 나오면 직영점에서 몇 개월간 고객 반응을 살펴보고 과반수의 고객들의 평이 좋으면 가맹점에 전수하면 된다. 메뉴 개발을 본부가 아닌 직영점에서 실시하는 것이 좋은 이유는 가맹점도 직영점과 똑같은 시설과 구조를 갖췄기 때문에 재료의 보관 및 요리를 하는 동선이 비슷하여 메뉴를 구현하기가 편리하기 때문이다.

한돌참치 직영점에서 직접 만든 신메뉴들

필자는 본부에서 음식과 관련하여 소비자 동향과 트렌드를 컴퓨터와 모바일로 분석하고 접목할 수 있는 부분을 발췌해 직영점에서 본격적으로 메뉴 개발을 실시한다. 직영점에서 메뉴 개발을 하면 가맹점으로 전수하는 단계가 더욱 간편하고 편리하다. 그리하여 대부분의 메뉴 개발은 직영점에서 실시하고 가맹점으로 전파한다.

## 6) 오픈 전의 점주 교육은 직영점에서 실전으로 진행한다

직영점은 여러 가지 면에서 그 활용도가 높다. 물론 직영점도 어느 정도 활성화를 시켜놓아야 활용할 수 있는 용도가 많다. 그래서 필자는 서울 강북구 미아동에서 조금 더 상권이 활발한 종로구 대학로로 직영점을 이전하였다. 물론 투자금이 2배로 들어갔지만, 모든 면에서 좋아졌다. 그리고 그중에서도 오픈을 앞둔 가맹점주 교육을 더 나은 환경에서 실시할 수 있다는 것이야말로 가맹 본부 대표 입장으로서 너무나 만족스러웠다. 예전에는 교육 지정점을 가맹점에서 선출하여 기초 점주 교육을 실시하였고 마지막으로 직영점에서 교육을 끝마치는 과정으로 진행했었다.

직영점과 가맹점에서 교육 과정을 갖는 이유는 실전 교육의 중요성 때문이다. 실습장에서 하는 교육보다는 영업을 병행하면서 직접 경험하고 배우는 교육이 실제로 오픈했을 때 당황하지 않고 여유 있게 장사할 수 있는 기반이 된다.

한돌참치에서는 점주 교육 수료식 때 수료증이 아닌 회칼을 수여한다

## 7) 있는 그대로 꾸밈없이 진정성 있게 운영해야 한다

"있는 그대로 운영을 한다."라는 것은 말 그대로 직영점은 보여 주기식의 장사가 아니라 미래의 가맹점 사업자가 똑같은 근무환경에서 같은 처지로 장사를 해야 한다는 실상을 낱낱이 미리 볼 수 있게 해 줘야 한다는 의미이다. 필자가 예전에 근무했던 프랜차이즈 본부에서는 직영점을 A급 상권의 A급 자리에 출점하여 보여 주기식의 장사를 했는데, 겉모습만으로 판단하고 창업한 가맹점 사업자들이 뒤늦게 후회하곤 했다.

음식점 운영은 멀리서 보면 즐겁고 재미나게 보이지만, 직접 사장의 입장에서 일해 보면 그 실상이 녹록지 않다는 것을 알 수 있다. 처음 장사를 하는 사업자들은 약간의 환상에 젖어있기 마련이다. 필자 역시 기대 이상의 환상이 있었다. 그러나 직영점 오픈 후 3개월도 채 되지 않았을 때 느꼈다. 정말 10곳 중에서 8곳이 망하는 게 음식 장사라는 것을 말이다. 그 8곳 중의 하나가 되지 말아야 한다는 절실함에 1년 동안은 휴무 없이 하루에 12시간 이상 일했었다. 그때 결심했던 것은 나중에 필자의 브랜드를 선택한 가맹점주에게는 현실은 그렇게 아름답지 않다는 것을 몸소 느끼게 해 주고 진정성 있고 당당하게 말해 주자는 것이었다.

또한, 진정성은 고객에게도 해당된다. 특히 필자의 아이템은 참치이기 때문에 비싸다는 편견이 있는데, 오히려 싸게 팔면 이상하게 생각하는 손님이 더 많았다. '가짜가 아닐까?', '싸구려 참치가 아닐까?' 하는 의심을 품는 사람이 더러 있었다. 하지만 지금은 오너 셰프 제도에 대해서 많은 사람이 공감하고 별다른 온라인 마케팅 없이 처음 설정한 메뉴 그대로 판매를 유지했더니 오히려 그러한 유지력을 높게 평가하여 충성 고객들이 많이 늘어났다. 온라인 마케팅도 중요하지만, 음식만큼은 맛을 인정받고 진정성 있게 꾸준히 입소문으로 전파되는 것도 중요하다.

## 8) 대표가 지속해서 관리하고 운영해야 한다

　최근에 직영점에서 장사를 계속하다 보니 주변에서 많이 하는 말 가운데 "가맹점을 더 유치하려면 장사 말고 본부에서 영업을 해야 한다."라는 충고를 듣곤 한다. 필자도 잘 알지만, 필자는 아직도 가게는 주인이 직접 지켜야 한다고 생각한다. 주인이 없이 자동으로 돌리는 가게는 수명이 짧거니와 가게가 금방 망가지는 모습도 더러 보았다. 또한, 직접 운영하기 싫은 이유가 많다면 일찍 장사를 접는 편이 더 좋다. 굳이 하기 싫은 장사를 하다 보면 자기도 모르게 얼굴에 하기 싫은 표정이 드러나 손님에게 안 좋은 이미지만 남기게 되기 때문이다. 그러나 때가 되면 대표가 직접 장사를 안 해도 직영점 스스로 잘 돌아갈 때가 오기에, 그때까지는 대표가 직접 관리하고 운영해야 한다고 생각한다.

## 9) 직영점은 일터가 아닌 놀이터다

필자의 참치 아이템은 손님과 유대관계가 깊어질 수밖에 없는 마성의 매력이 있다. 쉽게 말해서 희귀 아이템 같은 느낌이다. 손님들은 꽤 비싼 돈을 지불하면서 참치 회를 즐기지만, 정확히 어떤 종류의 참치 부위를 드시는지는 잘 모르신다. 여기에서 유대관계가 시작된다. 모르는 부분을 상세하게 설명해 주고 참치를 맛있게 먹는 방법 등을 알려주면 그 고객은 이미 단골이 되기 때문이다. 단골이 되면서 가끔은 술잔을 받기도 하고 술 한잔을 따라 주기도 한다. 최근에는 통참치 해체 쇼를 손님과 함께 진행하면서 많은 고객을 유치할 수 있었다.

이렇게 반가운 고객들이 많아지면 가끔은 '일하면서 너무 즐기는 게 아닐까'라는 죄송한 마음이 들곤 한다. 음식 장사를 잘하려면 사장은 멀티 플레이어가 되어야 한다. 주방장 역할도 충실히 해야 하고 서빙 역할도 곧잘 해야 한다. 직영점은 말 그대로 놀이터가 될 수 있다. 특히 돈을 버는 놀이터이다. 내가 맛있는 음식을 내어 주면 손님들은 그 음식으로 인해 즐거운 시간을 보낼 수 있기 때문이다. 물론 매일 손님들로 북적거리는 가게가 되기는 힘들지만, 그래도 영업 시작 전에는 오늘은 누가 올까 하는 상상을 하면서 즐거운 놀이터로 출근한다. 어쨌든 사장은 즐거운 직업이니깐 말이다.

미아점 점주님과 대학로 본점에서 참치 해체 쇼 진행 현장

# 4.
# 나만의 평생직장 만들기

## 1) 장사 계획과 목표 방향 설정하기

맹목적으로 장사를 하다 보면 매출에만 집중하게 되기 마련이다. 장사에서는 매출이 제일 중요하기도 하지만, 꾸준히 오랫동안 매출을 유지하는 것은 더 어려운 일이다. 장사는 소위 철인 3종 경기와 같이 육체적·정신적 소모가 골인 지점도 없이 반복적으로 일어나는 장기전이다. 그러므로 나만의 장사 계획과 목표를 설정해 놓는 것이 좋다. 작게는 3개월부터 길게는 5년 단위로 쪼개어 소소한 계획과 목표일지라도 일정에 따라서 방향을 설정하는 것이 좋다. 여기에 포함되는 목표는 최종적인 목적을 향해서 설정하는 것인데 대부분의 장사 목적은 소위 '대박 가게'일 것이다. 대박 가게를 만드는 목적을 달성하기 위해 계획과 목표를 설정할 때는 현실적이고 구체적인 목표를 설정해야 한다.

필자는 가게 오픈 후 장사 목표를 짧고 장기적으로 정했는데, 예를 들면, 6개월 동안 영업시간을 하루 12시간으로 정하거나, 1년 동안 휴일 없이 가게를 운영하기로 계획하고 이를 토대로 연간 일정 매출액을 달성하는 목표를 세웠다. 또한, 매출이 계획대로 확보되면 2년 후 가게에 필요한 시설 리모델링이나 신메뉴 판매를 위한 장비를 입고하려는 계획을 세웠다. 지금은 직영점을 강북구 미아동에서 종로구 대학로로 이전 확장하여 3년 전에 계획했던 목표를 달성했다. 대학로로 이전하고 1년이란 시간이 지났는데 앞으로의 계획은 이전보다 더 많이 세워 놓았다.

장사를 하다 보면 생각보다 시간이 빨리 흐른다. 꼭 장사 계획과 목표를 설정하여 더 나은 방향으로 시간이 흐를 수 있게 해야 한다.


## 2) 직영점을 나의 평생직장으로 생각하기

오랫동안 음식점을 운영하다 보면 장사가 지겨워지거나 싫증이 나기도 한다. 장사가 잘되거나 안 돼도 똑같이 겪을 수 있는 게 슬럼프이다. 이때 이를 슬기롭게 대처하는 마음가짐은 딱 하나다. 바로 '나의 천직이다'라는 사명이다.

필자 역시 장사할 마음보다는 프랜차이즈를 경영할 목적이 크기 때문에 가게에서 장사하고 있을 때면 하염없이 지겨울 때가 많다. 그러나 지겨워도 직영점이 없었으면 1인 프랜차이즈도, 본 책도 나오지 않았을 것이다. 만 6년 차에 접어드는 현재도 역시 나의 평생직장은 직영점과 본부이다. 이런 생각이 곧 100년 이상 가는 브랜드를 만드는 원천이라고 생각한다. 소규모 음식 장사는 외식업과 서비스업을 동시에 만족해야 하는 힘든 직장이다. 그래서 대부분의 음식점 사장들은 장사가 잘 안되면 빨리 정리하거나 잘되면 다른 투자처를 찾곤 한다.

하지만 필자의 생각으로는 프랜차이즈 본부 운영을 생각하고 있는 사람이라면 직영점이 곧 평생직장이라고 생각하는 것이 가장 좋은 마음가짐일 것이다. 왜냐하면, 단단하고 장기간 동안 흥행하는 프랜차이즈 브랜드는 오랫동안 유지되는 직영점에서 비롯되기 때문이다.

## 3) 직영점 대표의 자세

다른 지역의 사람이 본점을 찾아가는 심리 중의 하나는 '특별하다'라는 기대심리 때문일 것이다. 필자 역시 특정 음식 메뉴는 꼭 본점에 가서 먹는 일을 자처한다. 그 이유는 필자가 느끼기에 그 특정 메뉴가 본점에서 먹는 맛이 가맹점보다 뛰어나서라기보다는 한결같은 직영점 사장님의 마인드가 좋아서이다.

음식점에서 맛은 기본이기에 기본을 충실히 이행하면서도 늘 같은 모습으로 손님을 대하는 태도가 마음에 들면 사람들은 별다른 이유 없이도 그 집을 선호하는 경향이 있다. 이처럼 직영점 대표는 가맹점을 대표하는 상징이기 때문에 직영점에서 장사를 할 경우 다른 가맹점에 해가 되지 않도록 최선을 다해 장사에 임해야 한다. 간혹 가맹점에서 역으로 배워야 하는 경우도 생기는데, 이때 직영점 대표는 자존심을 버리고 이를 받아들여야 한다.

필자 역시 가맹점에서 많이 배운다. 필자가 조금은 젊어서 배울 게 많은 나이이기도 하지만 실제로 연륜에서 나오는 장사의 지혜는 내가 살아보지 못한 시간 속에서 얻은 비결이기 때문이다. 앞서 말한 내용들을 종합해 보면 직영점을 운영하는 대표의 자세는 우선 직영점을 평생직장으로 삼아 즐겁게 일할 수 있는 마음가짐을 가져야 하고, 가맹점과 통일성 있는 자세로 고객을 맞이해야 하며, 가맹점의 모범이 되어야 한다는 사명을 새겨 철저히 브랜드 운영 방침에 따라서 영업해야 한다.

# 5.
# 직영점 확장하기

## 1) 직영점 이전에 대한 명분 정확하기 알리기

필자는 직영점 이전을 가맹점 5곳이 개점한 상태에서 진행했다. 내부적으로는 점주님들에게 설명할 필요가 있고, 외부적으로는 기존 고객과 잠재 고객에게 직영점 이전에 관한 설명을 공지할 필요가 있다. 음식 장사는 입소문을 무시하기 힘들다. 결국에는 고객을 대상으로 판매를 해야 유지가 되는 게 장사이기 때문에 기존의 고객과 잠재 고객에게 합당한 이유를 설명해야 직영점을 이전 및 확장했을 때 현상 유지를 할 수 있다. 필자는 자체적으로 공식 블로그와 언론 보도를 통하여 공식적으로 확장 이전을 공지했다. 이제는 직영점을 이전한 지 1년이 넘었는데도 공지를 한 덕분인지 현재까지 순탄하게 영업을 할 수 있었다. 생각해 보면 영업을 5년 넘게 해 온 가게를 하루아침에 이전한다고 하면 모두 납득하기 어려워할 것이다. 그러나 가맹 사업에서는 직영점의 입지를 무시하기 힘들기 때문에 더욱 탄탄한 시스템과 브랜드를 갖추기 위해서는 과감하게 입지가 좋은 곳으로 직영점을 확장 이전할 필요가 있다. 그러나 너무 자주 이전하거나 확장하는 것은 가맹 사업에서는 절대 좋지 않다.

## 2) 장사는 한 곳에, 사업은 모든 것에 집중하기

직영점을 창업하고 어느 정도 자리를 잡으면 나도 모르게 하나를 더 차리려는 욕심이 생기기도 한다. 물론 직영점을 두 곳 이상 운영하면 수익도 두 배로 오를 수 있겠지만, 반대로 두 곳 다 매출이 하락하는 상황이 벌어지기도 한다. 그래서 충분한 자본금과 주변에 이 일을 내 일처럼 맡아줄 사람이 없다면 두 곳 이상의 직영점을 운영하는 것은 자칫 1인 가맹 본부가 존폐 위기로 내몰리는 이유가 될 수도 있다. 필자 역시 주변에서 그런 상황을 많이 봐 왔다. 실제로 중소 프랜차이즈 기획부에서 철저한 시장조사와 경험을 갖추지 않고 주종목이 아닌 전혀 다른 브랜드를 런칭하고 직영점을 오픈하였지만, 그 이후부터 기존의 잘 나가던 브랜드 역시 신규 브랜드와 같이 주저앉고 만 사례도 있다.

물론 여러 가지 상황에서 비롯된 일일 수도 있지만, 그 당시 그 본부에 소속되어 있었던 필자의 입장에서는 기존의 브랜드를 더욱 견고하게 다졌으면 그리 쉽게 폐업하지는 않았으리라고 생각한다. 그러한 경험과 주변을 관찰한 이해를 바탕으로 필자가 내린 결론은 장사는 한 곳에 집중하고 사업은 그 장사를 위한 모든 것에 집중되어야 한다는 것이다. 즉, 1인 가맹 본부는 직영점 운영에 필요한 물류, 유통, 인력, 세무, 마케팅 등의 사업적 요소를 외부에서 끌어들여 와 직영점과 본부의 지속경영을 모색해야 한다.

한 곳에 모든 역량이 집중된 직영점이 장사가 잘되어 충분한 기반을 잡으면 언제라도 다른 곳에도 뜻을 펼칠 수 있으니 1인 가맹 본부 대표는 직영점 장사를 소홀히 여겨서는 안 된다.

### 3) 사옥에서 직영점 만들기 프로젝트

필자는 언젠가는 사옥에서 직영점과 본부를 동시에 운영하겠다는 최종 목표를 세웠다. 그래서 예전에 종로구로 직영점을 이전할 때 땅콩 건물 또는 역세권의 조그마한 상가 주택을 알아보았다. 하지만 당시 부족한 자본금으로는 원하는 위치를 선점할 수 없어서 장기 계획으로 바꿨다. 사옥에서 직영점과 동시에 본점을 운영하면 여러 방면에서 큰 이득인 것은 분명하다. 대부분 음식 장사는 한 곳에서 오랫동안 운영하면 언젠가는 명소가 될 가능성이 크기 때문이다. 요즘에는 월세 비용도 만만치 않기 때문에 오히려 은행에서 담보 대출을 받아서 건물을 매입하고 월세 대신 이자를 내는 것이 장기적으로는 유리할 수도 있다. 자가 건물에서 장사하는 것이 성공의 지름길이 될 수도 있다고 생각한다.

최근에는 강원도 철원군에 필자의 브랜드로 가맹점을 개점하였는데 여기가 바로 점주의 본인 건물이다. 전에는 유명한 제과점과 치킨 가게가 영업하던 자리였는데 필자의 아이템을 선택하고 대대적인 인테리어 공사를 진행하였다. 점주의 처음 계획보다 더 많은 공사 비용이 발생했는데, 그래도 자가 건물이다 보니 더 많은 투자를 하였다고 본인이 말했다.

이처럼 자기 소유의 건물에서 장사를 시작하면 출발점이 다르므로 조금 무리를 하더라도 장기적으로는 본인 건물에서 직영점과 본부를 운영하는 프로젝트를 세우는 것이 좋다.

마구로한돌 신철원점. 자가 건물에 직접 오픈한 사례

# 5

CHAPTER

# 가맹 본부
# 구축하기

## _ 이론편

# 1.
# 1인 가맹 본부의 개념

가맹 본부는 프랜차이즈의 기본적인 개념을 현실적으로 구체화하는 실무적인 시스템의 집합체이다. 프랜차이즈 사업의 큰 틀은 가맹 본부 설립과 내부 시스템 구축, 가맹점 모집 등으로 이루어진다.

가맹 본부의 사업 아이템으로 다수의 가맹 사업 희망자를 모집하여 상호 이익 추구 및 경제적 규모의 목적을 달성하는 데 그 의의를 둔다.

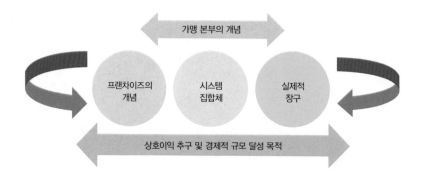

가맹 본부의 중요 구성 요소에 대한 학술적 이론과 필자의 경험적 요소로 비춰볼 때 이를 가장 단순하게 정립해 보자면 첫째, 사업 아이템, 둘째, 매뉴얼, 셋째, 조직으로 정의하고자 한다.

가맹 본부 개념 요소를 3가지로 압축한 이유는, 가맹 본부의 체계는 복잡할 수도 있는 시스템이지만, 의외로 단순화된 시스템을 설정할 수 있기 때문이다. 물론 1인 가맹 본부는 더욱 단순화된 체계를 갖출 수밖에 없다.

가맹 본부의 개념 3요소

앞서 3요소의 개념을 풀어서 설명해 보면 첫 번째로 사업 아이템은 본사의 근간이 되는 원천 지식이며 이 지식을 바탕으로, 두 번째로 개발 매뉴얼, 계약 매뉴얼, 교육 매뉴얼, 운영 매뉴얼, 관리 매뉴얼 등의 매뉴얼을 정립하여 마지막으로 사업 아이템과 매뉴얼을 바탕으로 조직의 인력을 중심으로 가맹 사업을 전개해 나가는 방식이 가맹 본부의 실무적 역할이다.

1인 가맹 본부는 조직의 한계를 효율적으로 활용하여 최소한의 고정 인력으로 가맹 본부와 가맹점의 지속적인 상호 이익을 추구하는 데 그 목적을 둔 새로운 형태의 프랜차이즈 시스템이다. 그러므로 가맹 본부는 가맹점과 공동 운명체 이념으로 사업을 전개할 필요가 있다.

### 1) 1인 가맹 본부 시스템에 대한 이해

앞서 가맹 본부의 개념에서 설명했듯이, 가맹 본부 시스템은 본부의 원천적인 지식과 기술을 바탕으로 다수의 가맹 사업 희망자를 모집 및 계약하여 가맹계약서의 내용을 중심으로 이루어지는 지속적이며 신뢰적인 거래 관계로 볼 수 있는데, 가맹 본부를 설립하고 내부 시스템을 구축하는 단계까지를 가맹 본부가 선행해야 할 과제로 볼 수 있다.

가맹 본부 시스템은 가맹 본부의 원천 소스(지식 및 기술)에 따라 각기 다르게 변형되어 구축되기 때문에 통칭하여 가맹 본부 시스템이라 정의한다. 1인 가맹 본부 시스템은 슬림화되고 콤팩트하게 구축되지만, 최적의 구성 요건을 갖춰 정확하고 신속한 요소로 장기 경영을 도모할 수 있다는 장점이 있다. 필자의 실제 1인 가맹 본부 시스템은 다음과 같이 구축되었다.

| BI & CI | 정보공개서<br>가맹계약서 | 매뉴얼 구축 | 물류 채널 확보 | 마케팅 |
|---|---|---|---|---|
| 상표 및 브랜드<br>개발·등록 | 등록 및 작성 | 예상 매출<br>교육 자료<br>개점 자료<br>관리 자료 | 원·부자재<br>유통망 관리<br>상품 개발 | 가맹점 모집<br>홈페이지 등록<br>온라인 마케팅<br>머천다이징 |

1인 가맹 본부 시스템 구축 5요소

1인 가맹 본부 시스템 5요소

① BI&CI

우선 브랜드의 정립과 상표 등록의 절차를 걸쳐 프랜차이즈화를 모색해야 한다. 가맹 본부의 브랜드를 가지고 가맹점을 모집하는 단계에서 공식적인 업무의 성격을 갖춰야 한다. 그러므로 가장 기초 단계인 브랜드를 공식화하는 작업을 수행해야 한다.

② 정보공개서 및 가맹계약서 등록

프랜차이즈 사업을 운영하기 위해서는 법률적인 부분을 잘 파악하고 있어야 한다. 정보공개서와 가맹계약서는 가맹 사업을 위한 필수 문서다. 일정 요건이 갖춰지면 반드시 정보공개서를 공정거래위원회(공정위)에 등록해야 하므로 미리 준비하는 것이 좋다.

### ③ 매뉴얼 구축

본부 측과 가맹점 측의 매뉴얼로 나눠서 작성해 놓고 시점별로 맞춰서 사용하면 된다. 본부 측 매뉴얼은 가맹 희망자를 대상으로 하여 매출 자료, 모집 매뉴얼, 교육 매뉴얼, 오픈 매뉴얼, 관리 매뉴얼 등으로 기술적 측면을 문서화하는 작업이고, 가맹점 측 매뉴얼은 상품 가격, 거래처, 레시피 등의 가맹점 판매 운영에 따른 이론 매뉴얼을 문서화시켜 놓은 자료이다. 매뉴얼은 지속해서 보완 및 수정하여 최신형으로 구비해 놓는 것이 좋다.

### ④ 물류 채널 확보

원·부자재를 유통할 수 있는 거래 상대방을 미리 선점하거나 지정해야 한다. 원료가 없으면 제품이 나올 수 없듯이, 가맹 본부는 대체재부터 보완재까지 유통 채널을 다양하게 구축해 놓아야 한다. 최근에 온라인으로 제품을 손쉽게 구할 수 있게 되었다 하더라도 원자재는 본사 및 지정 업체에서의 관리 유통이 필요하다.

### ⑤ 마케팅

가맹 본부에서 가장 비용이 많이 소모되는 요소이지만 투자금 대비 장기적인 관점에서는 1순위로 투자해야 할 요소이다. 최근에는 온라인으로 가맹점 모집이 활성화되어 있으며 이는 브랜드 가치가 평가되는 근간이기도 하다. 그러나 실체 없이 허위이거나 과장된 마케팅은 자칫 브랜드 이미지에 심한 손상을 입히기도 하니 사실에 입각하여 온·오프라인 마케팅을 단계별로 실행하는 것이 좋다. 마케팅은 가맹 본부 구축의 필수 요소는 아니지만, 최우선 과제가 되어버린 시대이다.

## 2) 가맹 사업화 절차와 방법

사실 가맹 사업은 별다른 절차와 조건 없이도 바로 진행 가능하다. 사무실이 없어도 직영점 사업자 등록증이 있다면 종목을 프랜차이즈로 추가하면 된다. 그러나 「가맹사업거래의 공정화에 관한 법률」(약칭 「가맹사업법」)에 의거하여 적용 대상이 되면 먼저 「가맹사업법」에 해당하는 요건을 갖춰야 공식적으로 매끄럽게 가맹 사업을 진행할 수 있다. 그 요건은 '정보공개서'를 공정거래위원회에 등록하는 것이다. 이 정보공개서는 가맹 본부에 관련된 기초 정보와 계약 정보를 다루고 있다. 대외적으로 프랜차이즈 본부로 인정하는 단계가 바로 정보공개서의 등록 이후이다.

가맹 사업화 절차는 생각보다 간단하지만, 가맹 희망자가 나타나 가맹점 계약을 진행할 경우 복잡한 법률관계와 계약 관계의 성격이 나타나기 때문에 먼저 가맹 본부는 「가맹사업법」에 따른 법 조항을 살펴볼 필요가 있다. 이 역시 여유가 없는 경우에는 가맹거래사 또는 변호사에게 자문을 구하는 것이 가장 좋다. 최근에는 경영 분야에서 능력 있는 가맹거래사가 많이 배출되어 경영과 법률적인 부분에서 종합적인 관리를 받는 경우가 많아졌다.

## 3) 가맹 본부 필수 계약서 및 매뉴얼

가맹 본부의 필수 제공 문서는 앞서 말한 바와 같이 정보공개서가 있으며 정보공개서만큼 중요한 또 다른 계약 문서로는 가맹계약서가 있다. 다음으로는 교육 매뉴얼, 오픈 매뉴얼, 운영 매뉴얼 등이 있다.

| 가맹 본부 필수 문서 | |
|---|---|
| 계약서 | 정보공개서, 가맹계약서 |
| 매뉴얼 | 교육 매뉴얼, 오픈 매뉴얼, 운영 매뉴얼 |

가맹계약서는 가맹 본부와 가맹점 간의 규정을 다룬 법률 문서로
서 약관의 성격을 지니고 있어 「약관의 규제에 관한 법률」(약칭 「약관
법」)에 저촉된다. 프랜차이즈는 다양한 조건을 제정된 법률 안에서 규
정해야 하므로 정보공개서와 가맹계약서는 전문가에게 자문을 구하
는 것이 현명하다.

다음은 각종 매뉴얼인데 가장 중요하다고 생각되는 세 가지 매뉴얼
에 대한 성격을 짚어 보겠다.

첫째, 교육 매뉴얼은 가맹 희망자가 본부와 계약한 후 점포 운영에
대한 교육을 받기 위한 자료이다. 교육 기간 동안 교육에 대한 내용
과 일정을 작성해 놓고 가맹점 운영에 대한 기술적인 이론과 실무 부
분을 구두가 아닌 글로써 이해 및 전달할 수 있어야 교육 매뉴얼로서
가치가 높다.

둘째, 오픈 매뉴얼은 계약 단계와 교육 단계에서 가맹점 사업자가
직접 다루어야 할 각종 인허가 사항에 대한 자료를 수집하여 만들어
놓은 문서이다. 대부분 가맹 희망자는 처음 창업을 하는 경우가 많고

오픈 시작부터 관공서에 허가·신고 등의 어려움이 많으므로 실무에 적용할 수 있는 내용으로 작성해 놓아야 빠른 가맹점 개설과 더불어 오픈 전 체크 사항을 빠짐없이 파악할 수 있다.

셋째, 운영 매뉴얼은 가맹점 오픈 후 가맹점에서 숙지해야 할 내용과 운영에 필요한 내용을 정리해 놓은 매뉴얼이다. 업장에는 실제로 사용되는 메뉴의 레시피가 포함된 경우가 많으며 오픈 초기에 가맹점 사업자에게 큰 도움이 되므로 직영점의 운영 내용을 바탕으로 꼼꼼하게 작성해 놓으면 교육 자료용으로도 활용이 가능하다.

# 2.
# 본부 입지 선정

## 1) 1인 프랜차이즈 본부 입지 선정 노하우

1인 프랜차이즈의 본부는 가맹점과는 다르게 큰 공간을 필요로 하지 않는다. 프랜차이즈 본부 역할을 하기 위한 입지로 가장 좋은 위치는 직영점과 같은 건물 안에 위치한 공실을 사용하는 것이고, 만약 그것이 여의치 않다면 직영점과의 교통편이 좋은 곳에 위치해 있는 곳이라고 할 수 있다. 주차는 차량 1대 이상을 기본으로 갖춘 곳이 적합하다. 또한, 직영점과 30분 이내의 거리에 위치해 있어야 관리하기 편리하다.

가맹 본부는 사무 역할과 보관 역할의 속성을 가진다. 즉, 사무 역할이란 것은 가맹 희망자 및 외부 관계자와의 상담 및 계약 체결 등의 경영 활동 업무를 보는 공간을 뜻하고, 보관 역할이란 프랜차이즈 시스템에 필요한 각종 서류와 물류 등을 적재하는 공간이라고 볼 수 있다. 그러므로 최소 평수인 약 33㎡(10평) 이상의 독립된 공간이 필요하므로 공유 사무실 같은 곳을 필수로 갖추는 것이 좋다. 또한, 필요 이상으로 너무 큰 평수를 계약할 필요는 없다. 처음부터 가맹 사업이 생각보다 활기차게 시작되지는 않기 때문에 오히려 부담이 가중될 수 있기 때문이다.

| 1인 프랜차이즈 입지 선택 속성 |
| --- |
| 직영점과 같은 건물 내의 독립된 공간 또는 30분 이내의 거리에 있는 독립된 공간 |
| 차량 1대 이상의 주차 가능 장소 |
| 최소 10평 이상의 독립된 공간 |

## 2) 본부의 업태 및 종목 등록

　본부의 입지를 정할 때는 다용도로 사용할 수 있도록 용도 변경이 용이한 근린 생활 시설을 입지로 선정하는 것이 좋다. 1인 본부이기 때문에 큰 공간이 필요하지 않을 것이라는 생각으로 가끔 오피스텔 또는 주거 시설이나 업무 시설을 계약하는 경우가 있다. 하지만 본부에서 자체적으로 교육을 할 때 공간이 필요할 일이 있을 수 있고, 본부를 식품 제조업 가공 업소로 등록해 가맹점에 납품하는 제품을 직접 생산할 공간이 필요할 수도 있다. 그러므로 가능하다면 처음부터 모든 가능성을 열어두고 제조업 또는 음식점으로의 영업 신고가 가능한 2종 근린 생활 시설 입지를 찾아서 계약하는 것이 좋다. 오피스텔은 사무와 주거가 가능하지만 음식점이나 식품 제조는 허가가 나지 않으므로 처음부터 주의해서 선택하는 것이 좋다.

　2종 근린 생활 시설의 건물(상가)을 계약하면 무엇으로 어떤 업태와 종목으로 등록을 할지가 고민일 것이다. 결론적으로 앞서 말했듯이 프랜차이즈 사업은 종목과 업태가 별도로 정해지지 않았으므로 가능하면 식품 제조업 또는 일반 음식점으로 등록하는 것이 좋다. 식품 제조업 등록에 필요한 서류는 일반 음식점과 비슷하지만 조금 더 까다로운 절차가 필요하다.

최근에는 식품 제조업이 예전보다 등록이 쉽지 않아진 것이 사실이지만 한 번 등록해 놓고 관리만 잘하면 등록 취소가 쉽게 되지 않으므로 조금 시간이 걸리고 어렵더라도 장기적인 관점에서 필요하다. 혹시 여건이 안 되면 너무 어렵게 생각하지 않아도 된다. 즉석식품 판매 가공업과 일반 음식점으로 등록해 놓아도 되기 때문이다. 이유는 가맹점에 납품할 주요 품목을 직접 본부가 제조하여 유통하는 체제가 대외적으로 영향력이 크게 발휘되기 때문이다.

사업자 등록증에는 주업종과 부업종이 있으므로 주는 제조업 및 음식점, 부는 체인 사업으로 등록하여 가맹 사업을 전개해 나갈 수 있다.

### 3) 본부 인테리어와 공간 활용

1인 본부 인테리어는 직영점의 콘셉트와 비슷하게 맞춰 놓으면 금상첨화겠지만, 아무래도 비용이 수반되는 문제이기 때문에 최소의 사무 공간과 최소의 주방 시설을 분리하여 인테리어를 진행하는 것이 좋다. 주방 시설은 제조업 등록에 필요한 시설이고 사무와 분리된 공간이 필요 요건이기 때문에 처음부터 이점을 염두에 두고 인테리어를 진행하는 것이 좋다.

주방 시설과 사무 시설이 분리되면 사무 시설에는 접객용에 필요한 물품과 집기를 준비하되, 가능한 직영점에서 실제로 사용하는 포스터와 소품들을 구비해 놓으면 별다른 꾸밈없이 본부 역할을 하는 사무실로 인식될 수 있고 더 나아가 신뢰를 줄 수 있다. 더불어, 작은 규모의 단점을 커버할 수도 있다.

1인 프랜차이즈 본부의 사무실은 특성상 비상근으로 운영되므로 업무 외에는 필수 물품을 보관하는 장소로 활용하는 것이 바람직하다. 가맹점 오픈 초기에 본부에서 자체적으로 납품해야 하는 필수 품목들이 있는데, 이를 보관하거나 대량으로 선주문해야 하는 물품을 적재 및 보관할 수 있는 공간을 만드는 것이 매우 중요한 사항이다.

필수 품목은 가맹 본부에서 공급할 수 있도록 하는 적재 공간 마련

# 3.
# 운영 시스템 구축

본부의 기능을 충실히 수행하기 위해서는 가맹 본부의 설립과 동시에 운영 시스템을 구축해야 한다. 운영 시스템은 가맹점을 모집하는 단계에서 시작하며 가맹점과의 지속적인 거래 관계를 유지하기 위하여 분야별로 구축되어야 한다.

## 1) 가맹점 모집 및 개설 전략

처음 가맹 본부를 설립하는 분들은 어디서부터 어떻게 가맹점을 모집해야 할지 잘 모르는 경우가 대부분이다. 우선은 가맹점 희망 사업자에게 가맹 상담 시에 필요한 상담 자료를 만드는 두 가지 방법에 대하여 설명하고자 한다.

첫 번째는, 여러 프랜차이즈 본부 홈페이지에 방문해 보는 것이다. 프랜차이즈 본부 홈페이지에는 가맹점 개설에 관한 내용과 절차가 잘 정리되어 있으므로 비교 분석을 통해 적합한 내용을 차용하여 본인의 가맹 본부 홈페이지와 상담 자료를 만들 때 소스로 사용하면 된다.

두 번째는, 분기별로 진행되는 프랜차이즈 박람회에 참관하는 것이다. 국내에서 제일 크게 진행되는 프랜차이즈 박람회 장소는 서울에서는 두 곳[코엑스(COEX)와 세택(SETEC)]이 있으며, 부산에서는 벡스코(BEXCO)가 있다. 프랜차이즈 박람회에서 직접 창업 상담을 몇 번 받아 보면 얻을 수 있는 내용과 경험이 많은데, 이를 잘 활용하여 가맹점 모집에 사용될 가맹 상담 일지 및 가맹 상담 안내서 등을 제작하면 큰 도움이 된다.

가맹 상담에 사용될 자료가 준비되면 가맹 계약에 필요한 정보공개서와 가맹계약서가 구비되어 있어야 하는데 가맹거래사를 통하여 자문을 받거나 공정거래위원회 가맹사업거래 홈페이지 서식 자료실에서 정보공개서와 분야별 표준 가맹계약서를 내려받아 수정·보완 후 구비해 놓으면 된다.

가맹 상담 자료와 계약서 및 정보공개서가 구비되면 가맹점 모집을 실시하면 되는데, 생각보다 어려운 분야가 바로 가맹점 모집과 개설이다.

처음엔 많은 가맹 희망자가 상담이나 방문을 할 것 같지만, 실제로는 생각처럼 많지 않다. 오히려 직접 찾아 나서지 않으면 오랜 기간을 허비할 수 있다. 그러므로 예전부터 프랜차이즈 가맹점 모집에 대한 고전적인 개설 전략으로 창업 박람회 참관과 컨설팅 업체의 영업 대행이 이어져 오고 있는데, 창업 박람회는 큰 비용과 인력이 필요하며, 컨설팅 업체의 영업 대행 역시 적지 않은 비용과 책임 전가의 위험을 감수해야 한다. 그리하여 최근 시점에서의 가맹점 모집 전략으로 주목받는 것은 온라인 마케팅이다. 온라인 마케팅은 모바일과 연동되어

시간과 공간적인 제약 없이 가맹 개설을 진행할 수 있어서 투자 대비 효과가 뛰어나다.

한돌참치 소개 및 창업 안내 카탈로그 제작물

매장 비치용으로 실물 제작

## 2) 공식 온라인 사이트 체계 구축

1인 프랜차이즈 본부가 설립되어 확장될 수 있는 무한의 가능성을 제공해 주는 공간이 모바일과 온라인 네트워크 환경이다. 또한, 현대인의 바쁜 일상 속에서 손쉽게 정보를 얻을 수 있는 장소는 인적 네트워크와 온라인을 결합한 사회관계망 SNS이다.

현재 프랜차이즈 본부 설립과 구축의 핵심 과제는 바로 온라인에서 공식 사이트를 구축하는 것이다. 공식 사이트란 홈페이지, 블로그, 페이스북, 트위터, 인스타그램, 카카오톡 등의 인터넷을 기반으로 한 온라인 공간의 대표적인 홍보 상점(PR-Store) 또는 정보 상점(Info-Store)이다. 홍보·정보 상점은 필자가 고안한 신조어인데, 말 그대로 정보를 파는 상점이다. 물론 온라인 상점은 프랜차이즈 본부 그 자체에 대한 정보이다.

정보는 무료로 제공하지만, 홈페이지 및 블로그 등을 구축한 프랜차이즈 본부는 이 사이트를 통하여 가맹 개설 또는 신규 고객과 더불어 브랜드 인지도 효과를 얻을 수 있다. 처음 홈페이지를 제작하는 1인 본부는 기존 프랜차이즈 본부의 사이트를 많이 참고하는 것이 좋으며, 외향적인 디자인보다는 내용과 방향성에 입각하여 홍보하는 것이 좋다.

2013년에 개설한 초기 한돌참치
1차 홈페이지

2016년 중반에 개설한 한돌참치
2차 홈페이지

한돌참치와 자사 세컨드 브랜드인 마구로한돌 3차 홈페이지 리뉴얼

한돌참치 역시 가맹 희망자와 고객 메뉴 설명의 두 가지 정보 제
공에 초점을 맞춰 세 번의 리뉴얼을 거쳐 현재의 홈페이지를 구축하
였다.

### 3) 1인 프랜차이즈 본부 인원과 조직 체계

일반 프랜차이즈 본부 조직도

프랜차이즈 본부의 부서는 일반 회사와 크게 다르지 않다. 가맹 사업 영업 부분과 가맹점 관리 부분에서 차이를 나타내는 정도이다. 일반적인 프랜차이즈 본부의 조직 체계는 위와 같이 기획, 영업, 운영, 재무, 물류 등 3~5개의 부서 정도로 편성된다.

대부분 자본금과 가맹점 개수에 따라 조직 인원이 충원된다.

프랜차이즈 본부에서 가장 핵심 부서는 영업부이다. 가맹 사업의 특성상 가맹점 개설이 본부 수익의 원천이 되기 때문이다.

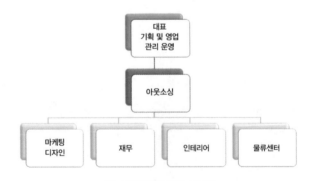

1인 프랜차이즈 본부 조직도

처음 1인 프랜차이즈 본부는 5명 미만의 상시 근로자가 없는 형태의 조직 체계를 갖추며 대부분 임원과 근로자 없이 1인이 모든 업무를 도맡을 수 있는 위치에 서기 때문에 스스로 기획하고 영업과 관리 및 운영 부분 또한 단독으로 수행해야 한다.

그리고 전문 분야인 디자인과 인테리어 등은 외부에 아웃소싱을 의뢰하는 것이 필요하다. 최근에는 디자인 건수에 따라 비용을 지불하는 온라인 업체들이 많으므로 사진과 내용 작성만으로도 신메뉴나 광고물을 보다 쉽게 제작할 수 있게 되었다. 또한, 프랜차이즈 전문 인테리어 업체도 건수별로 진행할 수 있기에 본부에 고정 인원이 없어도 된다. 인테리어 업체나 디자인 의뢰 사이트 역시 인터넷만 연결되면 누구나 쉽게 업체를 비교하고 선정하여 업무를 쉽게 진행할 수 있다.

그러므로 1인 본부는 가맹점 개설과 가맹점 관리·운영에 초점을 맞춰 가맹 사업을 진행하는 조직도를 편성해야 한다. 물론 초창기에는 초기 가맹점주에게 도움과 이해를 구해야만 원만한 가맹점 개설과 관리가 이뤄질 수 있으므로 초기 가맹점 사업자에게는 혜택을 주는 동시에 도움을 받는 것이 좋다.


## 4) 점주 교육 시스템 구축

가맹점 계약을 체결하면 점주 교육을 실시해야 하는데, 점주를 교육하기에 앞서 교육 시스템을 갖춰놔야 시행착오 없는 오픈을 준비할 수 있다. 점주 교육 시스템은 교육 기간과 장소 그리고 교육 자료로 이루어진다. 점주 교육 자료는 대부분 직영점을 직접 운영하여 실제로 얻는 영업상의 기술과 방법 등을 문서화하여 만들어야 한다.

교육 장소는 특정한 곳을 정하여 진행이 이뤄져야 하는데, 그 장소로는 직영점이 좋으며 동시에 경력과 기술을 갖춘 가맹점에서 부분적으로 협력하여 교육하는 것이 이상적이다. 물론 교육 기간은 길수록 좋겠지만, 자칫 여러 방면에서 문제가 발생할 수 있으므로 되도록 주 30시간 이내, 주 6일 이내, 6주 이내의 기간을 넘지 않는 선에서 진행하는 것이 교육 효과를 극대화할 수 있다. 또한, 교육 기간에는 교육 일지를 작성하여 효율적인 교육 시스템을 갖추는 것이 꼭 필요하다.

| 가맹 본부 교육시스템 3요소 | |
| --- | --- |
| 이론·기술서 | 메뉴표, 가격표, 레시피, 운영지침, 매장관리표, 교육스케줄 등 |
| 교육장소 | 직영점 또는 교육지정점 |
| 교육기간 | 6주 이내, 180시간 이내 효율적 |
| 3요소는 교육매뉴얼의 기초 | |

## 5) 가맹점 물류 시스템 구축

프랜차이즈업의 핵심인 물류는 가맹 사업 초창기부터 시스템을 구축해야 한다. 가맹점 물류 시스템이란 말 그대로 가맹점 영업상 필요한 원·부자재 등을 본부에서 납품하는 체계를 일컫는다.

대부분의 초기 프랜차이즈 본부는 물류를 자체적으로 해결할 수 없어 대부분 공급자와 파트너십(partnership) 계약을 맺거나 위탁 형태로 가맹점에 물류를 공급하게 된다. 대량으로 쉽게 공급받을 수 있는 원·부자재라면 제3자 물류를 통하여 본부 자체적으로 물류를 해결할 수 있지만, 시중에서 구입하기 어려운 특수한 원료는 대형 업체와 기업 간에 공급 계약을 맺어 공급 업체에서 직접 가맹점으로 납품하는 체계를 구축하는 것이 이상적이다.

1인 가맹 본부 역시 자체적으로 원·부자재의 물류 체계를 확보할 수 있는 시기와 기간은 품목에 따라 다르지만, 가맹점 개수가 20개 이상 개점을 완료하여 원만한 영업을 하고 있을 때 원료에 대한 공급을 자체적으로 시도하는 것이 대내외적으로 알맞다고 생각한다. 또한, 이때는 원료에 대한 물류 공급만 해당된다. 왜냐하면, 부자재까지 공급하려면 물류 창고와 인력이 두 배 이상 필요하므로 처음에는 원료에 대한 물류 공급만 안정적으로 이루어져도 충분히 본부의 역량을 충족시킬 수 있기 때문이다.

한편으로, 지방 가맹점 개설은 물류와 관리에 대한 어려움이 많이 뒤따르기 때문에 본부를 기점으로 왕복 3시간 이내로 물류 공급이 가능한 곳까지 가맹점 개설을 하거나 지사 체계로 진행하는 것이 좋다.

반복적으로 사입이 되는 부자재는 로컬 또는 온라인 구매를 권장하여 가맹점의 가격 부담을 덜어주는 것도 하나의 방법이다.

| 1인 가맹 본부 물류구축 계획표 | |
|---|---|
| 사업실행단계 | 원료 공급업체와 위탁계약에 따른 가맹점 물류공급 방식 채택 |
| | 본부를 기점으로 3시간 이내 물류배송이 가능한 곳에 가맹점 개설 |
| 사업초기단계 | 원료 공급만을 목표로 자체 물류 공급시스템 구축 |

1인 가맹 본부 초기 사업 계획 단계 물류 구축 프로세서

원료의 공급은 프랜차이즈업의 생명이기에 처음 가맹 사업 계획부터 아이템과 함께 필수적으로 기획하여 물류 구축에 대한 시스템을 마련해야 한다. 그래야만 지속적인 가맹 사업을 영위해나갈 수 있다.

## 6) 외식업 오너 셰프 제도로 가맹점 모집하기

외식업 프랜차이즈 중 일부는 주방 전문 인력 직원을 채용하여 식당을 운영하는 시스템을 많이 구축하고 있다. 이 역시 큰돈을 들여

창업하는데, 군이 주방까지 도맡아서 하고 싶은 창업자가 없기 때문이다. 또한, 짧은 교육 시간으로는 주방 일을 모두 배울 수 없다는 이유도 있다.

그러나 장기적인 관점으로 볼 때는 프랜차이즈 창업을 생각하는 창업자에게 오너 셰프 제도로 가맹점 운영을 유도하여 가맹 개설을 하는 것이 가맹 본부와 가맹점 간의 지속적인 유대관계가 형성되며, 가맹점 관리 및 운영상에서도 많은 이점이 발생한다. 또한, 가맹점 사업자는 반쪽짜리 창업이 아닌 순수하게 본인의 책임하에 매장을 운영할 수 있으므로, 독립 사업자로서 책임과 본분을 이해하고 성실하게 매장 운영을 장기간 영위할 수 있다. 그러므로 오너 셰프 제도로 가맹점을 개설 및 운영하면 장기적으로는 가맹 본부와 가맹점 모두에게 많은 이익이 될 것이다.

외식업 프랜차이즈의 오너 셰프 제도 필요성

| 독립점 사업자로서<br>운영상의 책임과<br>본분 인식<br>동기 부여 발생 | 가맹점 교육을 통해<br>자립 본부와<br>유대관계 유지<br>지속적인 신뢰관계 | 장기간 운영 능력 배양<br>최소한의 관리 감독<br>가맹 본부와<br>가맹점의 상생가능 |
| --- | --- | --- |

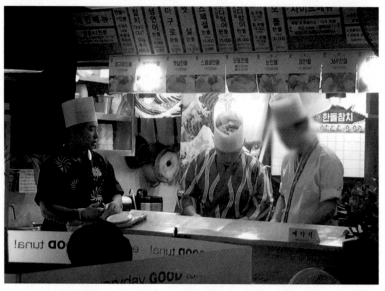

마구로한돌 대학로본점에서 오너 셰프 제도로 가맹점주 교육 중인 모습

# 6 CHAPTER

# 가맹 본부
# 운영하기
## _ 실전편

한돌참치 1인 가맹 본부 진경

# 1.
# 본부 운영 노하우

**1) 1인 본부에 필요한 인력은 한 명이면 충분하다 - 혼자서 20호점의 가맹점 관리하기**

앞서 말했다시피, 직영점 오픈부터 운영까지 모든 행위를 문서화시킨 것이 곧 시스템이 되어야 한다. 그렇게 시스템이 정립되었을 경우, 가맹점이 20호점 미만이라면 본부 인력은 1명으로도 충분하다.

1인 프랜차이즈 본부의 1명은 곧 대표를 말하는 것이다. 1인 대표는 가맹점 개설과 동시에 가맹점 관리 업무를 수행해야 한다. 가맹점 관리는 말 그대로 가맹점이 원활하게 영업을 할 수 있도록 개점 후의 메뉴 도입과 물품 변경에 따른 교육과 안내, 영업 방침에 있어서 본부와 일치하도록 하는 관리와 통제 역할을 수행한다.

1명의 대표자는 20개 미만의 가맹점을 관리, 감독할 수 있다. 예를 들면, 한 동선 안에 처리할 수 있는 5곳의 가맹점을 일주일에 2회에 걸쳐 영업 개시 전에 방문하여 관리하면 된다. 구체적으로 예를 들어 말하자면, 비교적 손님이 적은 영업 날짜인 월요일에 관악구와 동작구에 있는 2개 지점을 방문하고, 목요일엔 강북구와 성북구에 있는 3

개 지점을 순회하면 일주일에 5개 지점을 비교적 짧은 시간에 순회할 수 있어서 혼자서도 충분히 매장을 관리할 수 있다는 것이다. 일주일에 5개 지점이면 한 달에 20개 지점까지 남는 시간을 활용해서 관리할 수 있다.

필자가 운영하는 한돌참치 가맹점은 오후 5시부터 영업을 시작하기 때문에 점심시간을 이용해서 각 지점을 순회하며 관리, 감독할 수 있다. 만약에 신메뉴가 나온다면, 그에 관련된 홍보물과 신메뉴에 필요한 부수적인 집기들을 사전에 신청을 받고, 5일 동안 하루에 2개 지점씩 10개 지점을 순회하며 보급할 수 있다. 그렇게 하면 20개 지점을 혼자서 2주 안에 관리할 수 있게 된다.

## 2) 오픈바이저와 슈퍼바이저는 대표가 맡는다

오픈바이저는 가맹점 계약을 완료한 이후부터 오픈할 때까지 점주의 일정을 관리하며 개점 전까지의 업무를 진행한다. 가맹점을 계약한 후에는 개점에 필요한 영업 신고서 및 사업자 등록증 발급을 위한 각종 서류 신청 등 필요한 일이 많다. 처음 사업을 시작한 사람은 이러한 다양한 서류를 처리할 때 모르는 부분이 많으므로, 오픈바이저는 이들을 도와 원활한 개점을 위해 영업 개시 전까지 일련의 일을 도맡아서 진행한다. 즉, '오픈 도우미'와 같은 업무를 수행한다고 볼 수 있다.

슈퍼바이저는 가맹점 개점 후, 본부와 지점 사이의 필요한 업무를 현장 중심으로 순회하며 관리, 감독하는 업무를 수행하는 역할이다. 본부와 지점 간의 다리 역할을 하는 업무로, 대부분 가맹점을 주기적으로 순회하며 신제품 소개와 교육 또는 각종 본부로부터의 변경 사항에 대한 안내 등을 도맡아서 진행한다. 슈퍼바이저의 역할은 정립되지 않은 업무가 많아 각 프랜차이즈 시스템과 형태에 따라서 달라진다. 개인적으로 슈퍼바이저의 핵심 업무는 가맹점의 매출 증가를 위해 본부의 지침을 전달, 관리하는 가교 역할이라고 생각한다.

 본부의 규모가 커지고 가맹점이 늘어나게 되면 자연스럽게 오픈바이저와 슈퍼바이저 분야에서 많은 숫자의 가맹점을 커버할 수 있을 만큼의 인원이 필요해진다. 하지만 1인 프랜차이즈 본부는 그런 일을 위한 추가 인력이 필요하지 않다. 그렇다면 그 업무는 이제 대표가 수행하면 된다. 또한, 오픈바이저는 가맹점이 오픈하기 전까지 개점 업무를 도와주는 것이기 때문에, 매달 꾸준하게 가맹점이 생기는 프랜차이즈가 아닌 이상 주로 일회성 업무의 성격을 띠고 있어서 본부 대표 혼자서 슈퍼바이저와 오픈바이저 역할을 동시에 수행할 수 있다.

 또한, 1인 프랜차이즈의 대표는 초반에 브랜드의 초석을 잘 다듬고 가맹점 곳곳에 본인이 생각하는 브랜드의 색깔과 신념을 심어두는 것이 중요하다. 그러므로 본인이 직접 오픈바이저와 슈퍼바이저가 되어 업무를 수행하는 것이 브랜드 초창기에는 필수적이라고 할 수 있다.

### 3) 프랜차이즈의 경쟁력은 교육 시스템에서 나온다

프랜차이즈의 경쟁력은 교육 시스템에서 나온다. 물고기를 잡아 주는 것보다 물고기를 잡는 방법을 알려주는 것이 훨씬 더 바람직하기 때문에, 다른 것들을 아무리 제대로 제공한다고 해도 교육이 철저하게 이루어지지 않으면 배를 채울 수 없다. 그렇기 때문에 교육 시스템을 제대로 갖춘 직영점에서 이루어지는 실무 교육이 가장 중요하다 (규모가 커진다면, 마인드가 맞는 가맹점주가 있는 가맹점을 교육 지정점으로 설정해 기초 교육을 부탁하는 것도 좋은 방법이다).

이때 가맹 본부의 역할은 앞서 말했던 대로 점주 교육에 대한 전반적인 프로세서를 이해하고 계획하에 일정을 맞춰 관리, 감독해야 한다는 것이다. 물론 1인 본부에서 직접 직영점까지 운영한다면 직영점 교육에서 전달 사항을 실시간으로 전하면 되지만, 교육 지정점(가맹점)에서 점주 교육을 진행한다면 본부 대표가 정기적으로 이곳을 방문하여 격려와 함께 교육 과정 및 오픈 진행 일정을 체크해야 완성도 높은 교육 성과와 더불어 완벽한 오픈 준비 과정을 갖출 수 있다.

한돌참치 교육 과정은 4주에서 6주의 기간을 갖는다. 물론 교육 기간이 길수록 좋겠지만, 신규 점주의 역량과 컨디션에 따라 조기 오픈도 가능하다. 그 실제 사례가 바로 동대문구에 위치한 신이문점이다. 신이문점 점주는 외식경영학과 졸업 후 이탈리아 요리 전문점 셰프로서 20여 년의 경력을 갖춘 경력자 출신으로 기술력과 운영 능력이 이미 전문가 수준 이상이었다. 그리하여 직영점에서 교육 기간을 짧게 소화해 내고 가맹점 오픈과 더불어 교육 지정점으로 선정되었다.

가맹점이 실제 교육 지정점으로 선정된 사례

이처럼 교육 지정점에서 기본 교육을 마치고 본점(직영점)에서의 교육을 마무리하면 점주 교육 프로그램이 완성도 있게 이뤄진다. 가맹점을 교육 지정점으로 선정할 때는 가맹점주와 충분한 협의를 거치고 일정한 기간을 정해 놓고 진행하는 것이 서로에게 좋다.

점주 교육은 아무리 완벽한 교육이라도 기술적인 부분을 100% 충족시킬 수는 없다. 그러나 기본과 신뢰를 바탕으로 사람 대 사람으로 인간적인 교육을 진행하게 된다면 가맹점을 오픈했을 때도 초기에 흔들림 없이 가맹점을 운영할 수 있다. 신뢰는 마음에서 생기지만, 기술은 시간이 해결해 주는 부분이기에 가맹점 교육은 인간적인 요소를 가미하여 진행하는 것이 필요하다.

# 2.
# 본부 지속경영 비법

## 1) 물류비가 아닌, 로열티 위주의 수익 구조를 만들어라

1인 가맹 본부는 가맹점 개설 때 일정 부분의 수익과 개점 이후 관리에 따른 수익 구조를 설정하면 굳이 물류 수익에 의존하지 않아도 자체 본부 유지가 가능하다.

필자는 처음 5호점 신규 가맹점까지는 차등적으로 교육비만을 책정하고 로열티는 면제로 설정했다. 개점의 의미보다는 필자를 믿고 선택해 주는 가맹점주에게 혜택이 돌아가는 것이 이치에 맞다고 생각했다. 왜냐하면, 검증이 완벽히 되지 않은 브랜드에 큰돈을 투자하기가 쉽지 않을 것이란 생각에서였다. 그 때문에 1인 가맹 본부는 교육비 또는 가맹비와 로열티 위주의 수익 구조를 만드는 것이 초기에 브랜드를 유지하는 데 있어서 가맹 본부와 가맹점주 사이에 큰 도움이 된다.

## 2) 본부를 제조업으로 등록하라

1인 본부는 브랜드의 미래를 생각해야 한다. 가맹 본부의 미래와 가맹점의 미래를 책임져야 할 의무가 있기 때문이다. 처음에 본부는 메뉴 개발을 중심으로 하여 가맹점의 수익을 강화시켜 주며 추후 가맹점이 확대되거나 인지도가 높아지면 작지만 그래도 나름의 자체 브랜드 상품을 개발 및 출시해야 한다.

그러기 위해서는 제품을 개발하고 출시할 수 있는 공간을 마련해야 하는데 이는 현재의 본부를 제조업으로 등록하면 된다.

한돌참치 가맹 본부 식품 제조실

### 3) 신메뉴와 레시피의 지속적인 출시가 중요하다

1인 본부는 하나의 아이템만으로는 지속적인 성장은 불가피하다. 처음에는 훌륭하고 창의적인 아이템으로 시작하지만, 일정 시간이 흐르면 좋은 아이템도 성장이 멈추게 된다. 하지만 1인 본부는 직영점을 운영하는 이점을 살려서 분기 및 해마다 시장의 추세를 읽고 반영할 수 있다.

필자는 신메뉴와 레시피를 다른 의미로 해석한다. 신메뉴는 말 그대로 새로운 메뉴이고 레시피는 약간의 기술 혁신과 같이 기술 진보로 인한 업그레이드로 보고 있다.

프랜차이즈의 브랜드 이미지는 신메뉴가 지속해서 출시되지 않는다면 시장에서 급속도로 도태되는 경향이 있다. 그러므로 필자는 처음에는 3~6개월 사이마다 한 가지씩 신메뉴를 개발하여 직영점에서 먼저 개시해 본 뒤에 반응이 좋고 수익이 뚜렷하면 정식으로 제품 출시를 하여 가맹점에 공급해 주었다.

레시피는 실시간으로 전달해 주었다. 왜냐하면 가맹점 관리차 직접 방문했을 때 점주님과의 친목 도모를 위해서 나름대로의 정보와 스킬을 직접 보여 주거나 말해 주는 것이 친밀도를 더욱 높이는 필자 나름의 비결이기 때문이다.

## 4) 가맹점과의 갈등과 불신을 예방하는 방법

가맹점이 본부에 갖는 최대의 불만은 아무래도 매출의 영향이 클 것이다. 매출이 좋은 가맹점도 있겠으나 아무래도 직접 운영을 하는 가맹점주의 마인드와 태도에 따라 매출 편차가 발생할 수 있다. 매출이 부진한 가맹점은 본부에서 특별히 관리가 필요하지만 실제로 매출의 변화는 크게 없을 수도 있다. 그 이유는 외식업은 대부분 상권과 입지에 따라 매출 편차도 크므로 초기 투자금에 따라서 수익이 평균적으로 정해지기 때문이다. 그러므로 가장 좋은 해결 방안은 애초에 처음부터 가맹점 사업자에게 투자금에 따른 평균 수익과 매출을 최저로 설정해 놓고 이를 고지한 후에 오픈하는 것이 가장 좋은 예방책이다. 물론 신규 가맹점 사업자에게는 수익이 낮게 보일 수 있어 선뜻 가맹점 계약을 못 하는 경우도 있겠지만, 나중에 큰 문제의 소지가 될 수도 있으니 차라리 현실을 직시할 수 있는 솔직한 상황을 전달해 주는 게 좋은 방법이다.

또 다른 갈등의 요인은 1인 가맹 본부의 신뢰도를 들 수 있다. 본부 인력이 충분하지 않기 때문에 가맹점이 케어를 잘 못 받는다고 생각할 수도 있기 때문이다. 본부의 기술력과 신제품 개발력, 물품 공급력이 충분히 잘 이뤄지지 않는다면 더욱 가맹 본부의 신뢰가 떨어질 것이다. 그러므로 1인 가맹 본부는 주기적인 신메뉴 개발과 디자인 개발 등 매출에 큰 영향을 미치는 요소들을 정기적으로 다뤄야 한다.

필자는 3개월에서 6개월 단위로 신메뉴 또는 디자인 리뉴얼 등 눈에 보이는 사항과 더불어 눈에 보이지 않는 것들도 꼼꼼히 주기적으로 손을 본다. 만약 작은 것이라도 가맹점에 도움이 된다고 생각되면 직접 추진해 보고 가맹점에 공급해 준다. 대부분 직영점 운영에서 얻는 것도 있고 SNS 등의 온라인에서도 얻는 것도 있다.

매출과 신뢰도는 1인 프랜차이즈 본부에서는 가장 신중하게 생각하고 다뤄야 하는 고민거리이기 때문에 1인 본부 역할에서 최대한 가맹점에 솔직하고 정직한 자세로 접근한다면 불만도 차츰 낮아지고 가맹점 사업자는 본인의 점포에 더 집중할 수 있게 될 것이다. 주기적인 전화 통화 및 매장 방문도 아주 좋은 예방책이다.

## 5) 소규모 1인 프랜차이즈 본부의 기업화 진출 전략

가맹점 개수가 늘고 물류 유통량이 증가하면 1인 프랜차이즈 본부는 자연스럽게 법인으로의 전환기를 맞이하게 될 것이다. 필자 역시 아직 법인으로 등기되어 있지는 않지만, 가맹점이 늘어남에 따라서 언젠가는 법인으로 전환해야 할 시기가 올 것이다. 1인 프랜차이즈 본부에서는 기업화 진출 전략이 바로 가맹점 개수에 따라 좌우되기 때문에 일정 수준 이상의 가맹점 증가는 프랜차이즈 중소기업으로 목표가 상향 조정되어야 한다. 물론 법인이 아닌 개인 사업자로 프랜차이즈 본부를 계속 운영해도 법적인 문제는 없다. 그러나 법인화는 본부의 물류 경쟁력을 높여 가맹점과 상호 이익의 목표를 달성하는 데 필요한 과정이라고 생각한다. 또한, 1인 프랜차이즈 본부 프로젝트의 궁극적인 목적이기도 하기에 항상 염두에 둬야 한다.

하지만, 1인 가맹 본부가 제대로 자리 잡지 않은 상황에서 무리하게 기업화를 추진하는 것은 자칫 큰 위험성을 안고 갈 수 있으므로 신중에 신중을 기해야 한다. 또한, 프랜차이즈 본부가 충분한 자금과 경쟁력이 없는 상태에서 문어발식으로 브랜드를 다각화하는 것은 절대로 피해야 할 요소이다. 이는 필자가 예전에 인지도가 높던 프랜차이즈 본부에서 근무하며 실제로 경험한 사례이다. 퍼스트 브랜드가 쇠퇴기에 빠지자 전혀 다른 아이템의 브랜드를 기획하여 무리하게 가맹 사업을 추진하였으나, 오히려 기존 브랜드의 몰락과 함께 본부가 공중 분해되는 과정을 여러 번 몸소 경험해 보았다.

그러므로 1인 프랜차이즈 본부는 어느 정도 궤도에 오르면 자연스럽게 기업화를 예견된 일이라 여기고 무리하게 가맹점을 확장할 필요도 없거니와 중도에 포기하는 일도 없어야 한다. 브랜드는 본부가 만들지만, 성공은 가맹점과 함께 만드는 것임을 항상 잊지 말아야 할 것이다.

# 부록

# 1.
# 6년간의 직영점(식당) 운영 에피소드

※ 2013년 8월, 오로G참치로 처음 오픈하는 날

처음 한돌참치의 상호명은 '오로G참치'였다. 오로지 참치로 승부하겠다는 당찬 포부로 시작한 상호였다. 그러나 다행히 상표 등록이 안되는 바람에 현재의 한돌참치로 상표 등록하여 필자의 평생 브랜드가 되었다. 지금 생각해 보면 참 잘된 일이 아닌가 싶다.

## ※ 사람 구하는 것이 제일 힘든 식당

첫 직영점 오픈 후, 가게가 자리 잡는 3개월 동안 아르바이트생과 직원들이 아마 거의 10명 이상은 교체되었을 것이다. 물론 식당 일이

바쁘고 고된 이유도 있겠지만, 제일 큰 문제는 사장한테 있었다. 직원들이 갖는 불만이나 스트레스를 눈치채지 못하는 것이 사장의 위치이다. 그래서 사장이 아닌 주방 실장이라고 소개하고 같은 동료라는 입장에서 일하다 보니 오랫동안 일하는 직원들이 생겨났다.

## ※ 식당 영업, 처음과 지금

초창기 참치 해동 기술          현재 참치 해동 기술

참치 회 맛은 해동 기술이 90% 이상 차지한다. 주방 경험이 전혀 없었던 필자는 참치 전문 실장을 채용하여 2개월 동안 칼 다루는 법부터 참치 해동 기술까지 전수받았다. 이 책의 지면을 빌어 사실대로 말하자면 필자는 처음 한돌참치 가맹 사업을 시작했을 때는 경영만 하고 싶었다. 그러나 참치 전문점은 기술이 정말 중요하다는 사실을 깨닫고 주방 일을 겸하기로 결심했다. 초창기에 필자가 썬 참치를 맛있게 드신 분들에게는 조금은 미안하고 감사한 마음이다. 그래도 "서당 개 3년이면 풍월을 읊는다."라는 속담처럼 지금은 부끄럽지 않은 실력이 되었다.

## ※ 하루 총매출 26,900원

오픈하고 4개월이 지나서 소위 '오픈발'도 시들어갈 때쯤에는 매출 하락의 날이 연속으로 이어졌다. 눈이 너무 많이 내려서 길거리에 사람도 없던 어느 날, 딱 한 분의 손님만이 방문하였다. 이날의 총매출은 26,900원….

하루였지만 많은 생각과 고민이 밀려들었다. 그래도 내일은 내일의 해가 뜨니깐 슬퍼할 시간에 잠을 푹 자고 내일을 위한 장사를 힘차게 준비하자고 생각했다. 장사는 롤러코스터니까.

## ※ 가게 영업 중 탯줄 자르러 간 날

휴일 전날이라 가게는 만석으로 한참 장사 중이이었다. 10시경에 장모님에게 걸려온 전화를 받고 손님들을 뒤로한 채 무작정 산부인과로 달려갔다. 아들의 탯줄을 자르고 왠지 모를 미안함에 한참을 울었다.

## ※ 2014년 3월, 한돌참치 첫 가맹점 탄생

직영점 오픈 6개월 만에 첫 가맹점이 탄생했다. 손님으로 오셨던 분이 아이템이 너무 좋다며 한돌참치 가맹 계약을 하셨다. 나와 똑같은 간판이 달린 가맹점이 생겼다는 것이 믿어지지 않을 만큼 신기하면서도 한편으로는 막중한 책임감이 밀려들었다.

## ※ 생각의 전환

필자는 음식점은 처음이고 요리는 취미가 아니지만, 호기심이 많다. 특히 나의 직업에 관련된 일이라면 깊이 생각해보고 실험도 곧잘 하곤 한다. 그래서 한돌참치 직영점을 운영할 때 대표적으로 만든 제품이 참치 통조림을 수제로 만든 참치 병조림과 참치를 말린 참포이다. 병조림은 비공식적으로 판매를 가끔 했지만, 수요가 많아 잠시 중단한 상태이고, 참치포는 공식적으로 가맹 본부에서 제조하여 판매하고 있다.

수세로 만든 매운맛 참치 병조림

수제로 만든 참치포

## ※ 골치 아픈 진상 손님 대처법

　술을 파는 식당에서는 일 년에 한두 번씩 진상 손님을 실제로 만나게 된다. 참치 가게 역시 술을 떼어 놓을 수 없는 영업 구조라 가끔 만취한 취객분들이 밤늦게 찾아온다. 처음에는 멋모르고 취객분들을 상대하다 마음에 상처만 입었던 적이 많았다. 경찰도 1년에 1번씩은 꼭 출동하기도 했다. 그러나 이제는 장사 5년 동안의 내공이 쌓여 영업에 피해를 줄 것 같은 손님은 애초에 받지 않거나, 다른 손님에게 불편을 주는 사람은 두 번째 방문 시 정중히 돌려보낸다. 진상 손님 한 명 때문에 장사를 접고 싶은 마음이 들 정도로 스트레스가 심하기 때문에 손해를 보더라도 차단하는 게 제일 나은 방법이다.

## ※ 2016년 3월 7일, 한돌참치 이벤트 시작!

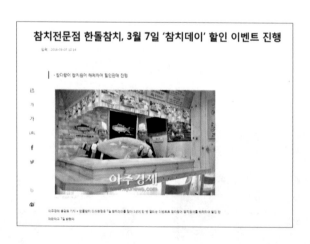

　한돌참치는 각 지점 개업 기념일과 매년 3월 7일에 맞춰서 참치 해체 쇼를 자체적으로 진행하는 전통을 만들었다. 현재까지 꾸준히 참

치 해체 쇼를 진행하고 있고 앞으로도 계속될 것이다.

## ※ 친구 장가보내는 날

같은 장소에서 몇 년간 참치 가게를 운영하다 보니 단골 고객들이 많이 늘어났다. 단골로 가끔 오시는 여성분과 친한 중학교 동창을 서로 소개해 줬는데, 운명의 인연이었는지 둘이 결혼까지 하게 되었다. 그리하여 결혼식 사회는 내가 보게 되었다.

## ※ 손님에게 배운다

미아 직영점은 소위 동네 장사이다. 그러다 보니 오던 손님이 계속 반복해서 찾아온다. 단골이 되면 대부분의 손님들은 가게에 대한 지적 사항과 본인이 원하는 사항을 요구하게 된다. 무심코 넘어갈 수도 있는 상황이지만, 다시 생각해 보면 공통적으로 바라는 상황이 있을 것이다. 그중에서 손님들

의 대표적인 요구를 파악하여 탄생한 메뉴가 이제는 한돌참치에 없어서는 안 될 대표 메뉴가 되었다. 바로 참치를 먹고 난 뒤의 냉랭한 배를 따뜻하게 채워 주는 서비스 참치 라면, '참면'이다.

## ※ 통영 욕지도 국내산 참치 판매 이벤트

우연히 TV에서 국내산 참치 양식에 성공했다는 소식을 접하고 수

소문 끝에 욕지도 양식장을 찾아가, 업무 협약을 맺고 어렵게 욕지도 참치를 공수하여 해체 및 판매하는 이벤트를 개최했다. 사실대로 말하자면 너무 고가여서 오히려 손해 보는 장사를 했지만, 국내산 참치를 해체하여 저렴한 가격으로 일반 사람들도 맛볼 수 있는 계기를 만들게 되어서 한편으론 뿌듯했다.

## ※ 한돌참치에서 마구로한돌로 리뉴얼하다

최근에 한돌참치 내부에서 큰 변화가 일어났다. 5년 동안 유지하던 한돌참치 브랜드를 확장하여 마구로한돌이란 브랜드로 리뉴얼한 것이다. 실은 '마구로'는 '참치'의 일본어이기 때문에 직역하면 '참치한돌'이란 뜻이다. 즉, '그게 그거다'라는 뜻이다. 그러나 굳이 왜 잘나가던 한돌참치에서 마구로한돌로 리뉴얼을 하였냐면 브랜드의 생존과 업그레이드를 위해서였다.

시대적 트렌드에 부합하며 브랜드 이미지를 개선하기 위한 대대적인 수선이었던 것이다. 식사 메뉴 추가와 더불어 참치회를 다양하게 구성하여 보다 더 대중성을 갖춘 마구로 식당으로 타이틀을 변경했다. 5년 동안 직영점에서의 실제 장사를 통하여 얻은 노하우로 여기까지 만들 수 있었다.

한돌참치 로고

예전의 한돌참치

지금의 한돌참치

# 2.
# 식당 운영 시 도움 되는 세무 팁

## ※ 간이과세자로 등록하기

사업자등록을 하기 위해서 처음 세무서를 방문하면 일반과세자와 간이과세자로 구분하여 등록할 수 있다. 간이과세자는 연간 매출액이 4,800만 원이 되지 않는 사업자 중 지방이나 수도권 지역에서 영업하는 소매점, 음식점, 이/미용업 등이 해당하기 때문에 사업 초기에 부가가치세 면제 등의 절세 효과를 누릴 수 있는 혜택이 있다.

물론, 자신의 상황에 맞게 실익을 따져서 등록하면 완벽하지만, 잘 모를 때라면 우선 간이과세자가 조금은 더 유리하다.

〈간이과세자, 일반과세자 비교표〉

| 구분 | 간이과세자 | 일반과세자 |
|---|---|---|
| 적용범위 | 1년간 매출액이 4800만원 미만이며, 배제업종 및 지역이 아닌 경우<br><br>신규사업자 선택가능 | 1년간 매출액이 4800만원 이상이거나 간이과세배제업종 및 지역인 경우 |
| 매출세액 | 공급가 x 업종별 부가가치율 x 10% | 공급가 x 10% |
| 세액공제 | 매입세액 x 업종별 부가가치율 | 전액공제 |
| 계산서 발급 | 발급 x | 발급 O |

## ※ 사업자 카드 발행받기

사업자는 사업 관련 경비를 지출할 경우 법적 증빙을 받을 때는 경비 처리가 가능하다. 법적 증빙은 현금이 아닌, 사업자 번호로 발급받는 현금영수증, 계산서, 사업자 카드 사용 내역 등이 대표적이다. 아무래도, 복잡하게 지출 증빙을 받는 것보다는 카드사의 혜택을 동시에 얻을 수 있는 사업자 카드를 발급받는 게 경비 처리 면에서는 효율적이다. 또한, 사업자 카드를 발급받으면 국세청에 등록하여 손쉽게 사업 관련 지출 경비를 일괄적으로 관리할 수 있다. 그러나 사업과 관련성이 없는 지출 내역은 불공제된다는 것을 명심해야 한다.

개인사업자 카드와 사업자 전용 현금 카드, 사업자 통장은 사업자 등록과 동시에 진행하는 것을 추천한다.

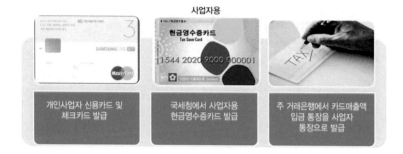

| 개인사업자 신용카드 및 체크카드 발급 | 국세청에서 사업자용 현금영수증카드 발급 | 주 거래은행에서 카드매출액 입금 통장을 사업자 통장으로 발급 |

## ※ 노란우산 공제조합 가입하기

노란우산 공제는 소기업·소상공인이 폐업/노령/사망 등의 위험으로
부터 생활 안정을 기하고 사업 재기 기회를 제공받을 수 있도록 중소
기업협동조합에서 운영되는 제도이다.

간단히 설명하자면 자영업자와 같은 소상공인의 퇴직금 제도 정도
로 생각하면 이해가 쉽겠다. 강제성이 없으므로 자율적으로 가입할
수 있다. 그러나 업종별 연평균 매출액 10~120억 원 이하의 개인사업
자 또는 법인의 대표자만 가입이 가능하므로, 소상공인을 위한 제도
로 생각하면 된다. 또한, 음식점의 경우 10억 원 이하의 연평균 매출
이어야 가입할 수 있다. 가입하면 생각보다 괜찮은 혜택이 주어진다.
가장 큰 특징으로는 연간 최대 500만 원의 소득 공제와 복리 이자 및
공제금 압류 금지가 있겠다. 최소 5만 원부터 월 납부가 가능하므로
식당을 하시는 분들에게는 추천해 드린다.

| 노란우산공제 제도의 특징 | |
| --- | --- |
| 법으로 보호받는 사회안전망 | 소기업/소상공인 지원정책에 따라 중소기업협동조합법에 의해 도입되었으며, 비영리법인인 중소기업중앙회가 운영하고, 중소벤처기업부가 감독하는 공적 공제제도 |
| 채권자의 압류로부터 안정하게 보호 | 공제금은 법에 의해 압류가 금지되어 있어 폐업 등의 경우에도 안전하게 생활안정과 사업재기를 위한 자금으로 활용할 수 있다. |
| 연간 최대 500만원 소득공제 | 납부 부금액에 대해서는 기존 소득공제 상품과 별도로 최대 연 500만원까지 추가로 소득공제가 가능하다. |
| 일시/분할금으로 목돈 마련 | 납입원금 전액이 적립되고 그에 대해 복리이자를 적용하기 때문에 폐업 시 일시금 또는 분할금의 형태로 목돈을 돌려받는다. |
| 무료 상해보험 가입 | 상해로 인한 사망 및 후유장애 발생 시 2년간 최고 월부금액의 150배까지 보험금이 지급되며, 보험료는 중소기업중앙회가 부담한다. |

# 3.
# 프랜차이즈 창업에 도움 되는 법률

## 1) 알아두면 도움 되는 「상가건물 임대차보호법」 주요 법률

프랜차이즈 본부 대표는 상가임대차 계약과 관련된 주요 법률을 평소에 인지하고, 대부분 상가임대차 적용 대상인 가맹점 사업자에게 필요에 따라 적용 규정을 전달해 준다면 큰 도움이 될 것이다.

※ 「상가건물 임대차보호법」(약칭 「상가임대차법」) 〈시행 2019. 4. 17.〉

**제1조(목적)** 이 법은 상가건물 임대차에 관하여 「민법」에 대한 특례를 규정하여 국민 경제생활의 안정을 보장함을 목적으로 한다.

**제2조(적용범위)** ① 이 법은 상가건물(제3조제1항에 따른 사업자등록의 대상이 되는 건물을 말한다)의 임대차(임대차 목적물의 주된 부분을 영업용으로 사용하는 경우를 포함한다)에 대하여 적용한다. 다만, 대통령령으로 정하는 보증금액을 초과하는 임대차에 대하여는 그러하지 아니하다.

② 제1항 단서에 따른 보증금액을 정할 때에는 해당 지역의 경제 여건 및 임대차 목적물의 규모 등을 고려하여 지역별로 구분하여 규정하되, 보

증금 외에 차임이 있는 경우에는 그 차임액에 「은행법」에 따른 은행의 대출금리 등을 고려하여 대통령령으로 정하는 비율을 곱하여 환산한 금액을 포함하여야 한다. 〈개정 2010. 5. 17.〉

③ 제1항 단서에도 불구하고 제3조, 제10조제1항, 제2항, 제3항 본문, 제 10조의2부터 제10조의8까지의 규정 및 제19조는 제1항 단서에 따른 보 증금액을 초과하는 임대차에 대하여도 적용한다. 〈신설 2013. 8. 13., 2015. 5. 13.〉

**제9조(임대차기간 등)** ① 기간을 정하지 아니하거나 기간을 1년 미만으로 정한 임대차는 그 기간을 1년으로 본다. 다만, 임차인은 1년 미만으로 정 한 기간이 유효함을 주장할 수 있다.

② 임대차가 종료한 경우에도 임차인이 보증금을 돌려받을 때까지는 임대 차 관계는 존속하는 것으로 본다.

**제10조(계약갱신 요구 등)** ① 임대인은 임차인이 임대차기간이 만료되기 6 개월 전부터 1개월 전까지 사이에 계약갱신을 요구할 경우 정당한 사유 없 이 거절하지 못한다. 다만, 다음 각 호의 어느 하나의 경우에는 그러하지 아니하다. 〈개정 2013. 8. 13.〉

1. 임차인이 3기의 차임액에 해당하는 금액에 이르도록 차임을 연체한 사 실이 있는 경우

2. 임차인이 거짓이나 그 밖의 부정한 방법으로 임차한 경우

3. 서로 합의하여 임대인이 임차인에게 상당한 보상을 제공한 경우

4. 임차인이 임대인의 동의 없이 목적 건물의 전부 또는 일부를 전대(轉貸)한 경우

5. 임차인이 임차한 건물의 전부 또는 일부를 고의나 중대한 과실로 파손한 경우

6. 임차한 건물의 전부 또는 일부가 멸실되어 임대차의 목적을 달성하지 못할 경우

7. 임대인이 다음 각 목의 어느 하나에 해당하는 사유로 목적 건물의 전부 또는 대부분을 철거하거나 재건축하기 위하여 목적 건물의 점유를 회복할 필요가 있는 경우

가. 임대차 계약 체결 당시 공사시기 및 소요기간 등을 포함한 철거 또는 재건축 계획을 임차인에게 구체적으로 고지하고 그 계획에 따르는 경우

나. 건물이 노후·훼손 또는 일부 멸실되는 등 안전사고의 우려가 있는 경우

다. 다른 법령에 따라 철거 또는 재건축이 이루어지는 경우

8. 그 밖에 임차인이 임차인으로서의 의무를 현저히 위반하거나 임대차를 계속하기 어려운 중대한 사유가 있는 경우

② 임차인의 계약갱신요구권은 최초의 임대차기간을 포함한 전체 임대차 기간이 10년을 초과하지 아니하는 범위에서만 행사할 수 있다. 〈개정 2018. 10. 16.〉

③ 갱신되는 임대차는 전 임대차와 동일한 조건으로 다시 계약된 것으로 본다. 다만, 차임과 보증금은 제11조에 따른 범위에서 증감할 수 있다.

④ 임대인이 제1항의 기간 이내에 임차인에게 갱신 거절의 통지 또는 조건 변경의 통지를 하지 아니한 경우에는 그 기간이 만료된 때에 전 임대차 와 동일한 조건으로 다시 임대차한 것으로 본다. 이 경우에 임대차의 존속기간은 1년으로 본다. 〈개정 2009. 5. 8.〉

⑤ 제4항의 경우 임차인은 언제든지 임대인에게 계약해지의 통고를 할 수 있고, 임대인이 통고를 받은 날부터 3개월이 지나면 효력이 발생한다.

**제10조의2(계약갱신의 특례)** 제2조제1항 단서에 따른 보증금액을 초과하 는 임대차의 계약갱신의 경우에는 당사자는 상가건물에 관한 조세, 공과 금, 주변 상가건물의 차임 및 보증금, 그 밖의 부담이나 경제사정의 변동 등을 고려하여 차임과 보증금의 증감을 청구할 수 있다.

**제10조의3(권리금의 정의 등)** ① 권리금이란 임대차 목적물인 상가건물에 서 영업을 하는 자 또는 영업을 하려는 자가 영업시설·비품, 거래처, 신용, 영업상의 노하우, 상가건물의 위치에 따른 영업상의 이점 등 유형·무형의 재산적 가치의 양도 또는 이용대가로서 임대인, 임차인에게 보증금과 차임 이외에 지급하는 금전 등의 대가를 말한다.

② 권리금 계약이란 신규임차인이 되려는 자가 임차인에게 권리금을 지급하기로 하는 계약을 말한다.

**제10조의4(권리금 회수기회 보호 등)** ① 임대인은 임대차기간이 끝나기 6개월 전부터 임대차 종료 시까지 다음 각 호의 어느 하나에 해당하는 행위를 함으로써 권리금 계약에 따라 임차인이 주선한 신규임차인이 되려는 자로부터 권리금을 지급받는 것을 방해하여서는 아니 된다. 다만, 제10조 제1항 각 호의 어느 하나에 해당하는 사유가 있는 경우에는 그러하지 아니하다. 〈개정 2018. 10. 16.〉

1. 임차인이 주선한 신규임차인이 되려는 자에게 권리금을 요구하거나 임차인이 주선한 신규임차인이 되려는 자로부터 권리금을 수수하는 행위

2. 임차인이 주선한 신규임차인이 되려는 자로 하여금 임차인에게 권리금을 지급하지 못하게 하는 행위

3. 임차인이 주선한 신규임차인이 되려는 자에게 상가건물에 관한 조세, 공과금, 주변 상가건물의 차임 및 보증금, 그 밖의 부담에 따른 금액에 비추어 현저히 고액의 차임과 보증금을 요구하는 행위

4. 그 밖에 정당한 사유 없이 임대인이 임차인이 주선한 신규임차인이 되려는 자와 임대차 계약의 체결을 거절하는 행위

② 다음 각 호의 어느 하나에 해당하는 경우에는 제1항제4호의 정당한 사유가 있는 것으로 본다.

1. 임차인이 주선한 신규임차인이 되려는 자가 보증금 또는 차임을 지급할 자력이 없는 경우

2. 임차인이 주선한 신규임차인이 되려는 자가 임차인으로서의 의무를 위반할 우려가 있거나 그 밖에 임대차를 유지하기 어려운 상당한 사유가 있는 경우

3. 임대차 목적물인 상가건물을 1년 6개월 이상 영리목적으로 사용하지 아니한 경우

4. 임대인이 선택한 신규임차인이 임차인과 권리금 계약을 체결하고 그 권리금을 지급한 경우

③ 임대인이 제1항을 위반하여 임차인에게 손해를 발생하게 한 때에는 그 손해를 배상할 책임이 있다. 이 경우 그 손해배상액은 신규임차인이 임차인에게 지급하기로 한 권리금과 임대차 종료 당시의 권리금 중 낮은 금액을 넘지 못한다.

④ 제3항에 따라 임대인에게 손해배상을 청구할 권리는 임대차가 종료한 날부터 3년 이내에 행사하지 아니하면 시효의 완성으로 소멸한다.

⑤ 임차인은 임대인에게 임차인이 주선한 신규임차인이 되려는 자의 보증금 및 차임을 지급할 자력 또는 그 밖에 임차인으로서의 의무를 이행할 의사 및 능력에 관하여 자신이 알고 있는 정보를 제공하여야 한다.

**제10조의5(권리금 적용 제외)** 제10조의4는 다음 각 호의 어느 하나에 해당하는 상가건물 임대차의 경우에는 적용하지 아니한다. 〈개정 2018. 10. 16.〉

1. 임대차 목적물인 상가건물이 「유통산업발전법」 제2조에 따른 대규모점포 또는 준대규모점포의 일부인 경우(다만, 「전통시장 및 상점가 육성을 위한 특별법」 제2조제1호에 따른 전통시장은 제외한다)

2. 임대차 목적물인 상가건물이 「국유재산법」에 따른 국유재산 또는 「공유재산 및 물품 관리법」에 따른 공유재산인 경우

**제10조의8(차임연체와 해지)** 임차인의 차임연체액이 3기의 차임액에 달하는 때에는 임대인은 계약을 해지할 수 있다.

**제11조(차임 등의 증감청구권)** ① 차임 또는 보증금이 임차건물에 관한 조세, 공과금, 그 밖의 부담의 증감이나 경제 사정의 변동으로 인하여 상당하지 아니하게 된 경우에는 당사자는 장래의 차임 또는 보증금에 대하여 증감을 청구할 수 있다. 그러나 증액의 경우에는 대통령령으로 정하는 기준에 따른 비율을 초과하지 못한다.

② 제1항에 따른 증액 청구는 임대차 계약 또는 약정한 차임 등의 증액이 있은 후 1년 이내에는 하지 못한다.

**제12조(월 차임 전환 시 산정률의 제한)** 보증금의 전부 또는 일부를 월 단위의 차임으로 전환하는 경우에는 그 전환되는 금액에 다음 각 호 중 낮

은 비율을 곱한 월 차임의 범위를 초과할 수 없다. 〈개정 2010. 5. 17., 2013. 8. 13.〉

1. 「은행법」에 따른 은행의 대출금리 및 해당 지역의 경제 여건 등을 고려하여 대통령령으로 정하는 비율

2. 한국은행에서 공시한 기준금리에 대통령령으로 정하는 배수를 곱한 비율

**제13조(전대차관계에 대한 적용 등)** ① 제10조, 제10조의2, 제10조의8, 제11조 및 제12조는 전대인(轉貸人)과 전차인(轉借人)의 전대차관계에 적용한다. 〈개정 2015. 5. 13.〉

② 임대인의 동의를 받고 전대차계약을 체결한 전차인은 임차인의 계약갱신요구권 행사기간 이내에 임차인을 대위(代位)하여 임대인에게 계약갱신요구권을 행사할 수 있다.

**제20조(상가건물임대차분쟁조정위원회)** ① 이 법의 적용을 받는 상가건물 임대차와 관련된 분쟁을 심의·조정하기 위하여 대통령령으로 정하는 바에 따라 「법률구조법」 제8조에 따른 대한법률구조공단의 지부에 상가건물임대차분쟁조정위원회(이하 "조정위원회"라 한다)를 둔다. 특별시·광역시·특별자치시·도 및 특별자치도는 그 지방자치단체의 실정을 고려하여 조정위원회를 둘 수 있다.

② 조정위원회는 다음 각 호의 사항을 심의·조정한다.

1. 차임 또는 보증금의 증감에 관한 분쟁

2. 임대차 기간에 관한 분쟁

3. 보증금 또는 임차상가건물의 반환에 관한 분쟁

4. 임차상가건물의 유지·수선 의무에 관한 분쟁

5. 권리금에 관한 분쟁

6. 그 밖에 대통령령으로 정하는 상가건물 임대차에 관한 분쟁

③ 조정위원회의 사무를 처리하기 위하여 조정위원회에 사무국을 두고, 사무국의 조직 및 인력 등에 필요한 사항은 대통령령으로 정한다.

④ 사무국의 조정위원회 업무담당자는 「주택임대차보호법」 제14조에 따른 주택임대차분쟁조정위원회 사무국의 업무를 제외하고 다른 직위의 업무를 겸직하여서는 아니 된다.

**제1조(시행일)** 이 법은 공포한 날부터 시행한다. 다만, 제4조의 개정규정은 공포 후 6개월이 경과한 날부터 시행한다.

**제2조(대항력에 관한 적용례)** 제2조제3항의 개정규정 중 제3조 대항력에 관한 규정은 이 법 시행 후 최초로 계약이 체결되거나 갱신되는 임대차부터 적용한다.

**제3조(권리금 회수기회 보호 등에 관한 적용례)** 제10조의4의 개정규정은 이 법 시행 당시 존속 중인 임대차부터 적용한다.

**제1조(시행일)** 이 법은 공포한 날부터 시행한다. 다만, 제20조부터 제22조까지의 개정규정은 공포 후 6개월이 경과한 날부터 시행한다.

**제2조(계약갱신요구 기간의 적용례)** 제10조제2항의 개정규정은 이 법 시행 후 최초로 체결되거나 갱신되는 임대차부터 적용한다.

**제3조(권리금 회수기회 보호 등에 관한 적용례)** 제10조의4제1항의 개정규정은 이 법 시행 당시 존속 중인 임대차에 대하여도 적용한다.

**제4조(권리금 적용 제외에 관한 적용례)** 제10조의5제1호의 개정규정은 이 법 시행 당시 존속 중인 임대차에 대하여도 적용한다.


## 2) 「가맹사업거래의 공정화에 관한 법률」 주요 법률

가끔은 골치 아픈 법률 규정을 안일하게 넘길 수도 있지만, 프랜차이즈 사업을 하는 사람이라면, 특히 1인 가맹 본부는 가맹 사업에 관련된 「가맹사업거래의 공정화에 관한 법률」(이하 「가맹사업법」)을 정확하게 인식하고 있어야 추후에 불거질 수도 있는 만일의 사태에 대비할 수 있다. 또한, 「가맹사업법」은 프랜차이즈 본부 구축과 가맹점 창업을 목적으로 하는 사람이 숙지하고 있으면 많은 도움이 된다.

## 제1장 총칙

**제1조(목적)** 이 법은 가맹사업의 공정한 거래질서를 확립하고 가맹본부와 가맹점사업자가 대등한 지위에서 상호보완적으로 균형 있게 발전하도록 함으로써 소비자 복지의 증진과 국민경제의 건전한 발전에 이바지함을 목적으로 한다.

**제2조(정의)** 1. "가맹사업"이라 함은 가맹본부가 가맹점사업자로 하여금 자기의 상표·서비스표·상호·간판 그 밖의 영업표지(이하 "영업표지"라 한다)를 사용하여 일정한 품질기준이나 영업방식에 따라 상품(원재료 및 부재료를 포함한다. 이하 같다) 또는 용역을 판매하도록 함과 아울러 이에 따른 경영 및 영업활동 등에 대한 지원·교육과 통제를 하며, 가맹점사업자는 영업표지의 사용과 경영 및 영업활동 등에 대한 지원·교육의 대가로 가맹본부에 가맹금을 지급하는 계속적인 거래 관계를 말한다.

2. "가맹본부"라 함은 가맹사업과 관련하여 가맹점사업자에게 가맹점운영권을 부여하는 사업자를 말한다.

3. "가맹점사업자"라 함은 가맹사업과 관련하여 가맹본부로부터 가맹점운영권을 부여받은 사업자를 말한다.

4. "가맹희망자"란 가맹계약을 체결하기 위하여 가맹본부나 가맹지역본부와 상담하거나 협의하는 자를 말한다.

5. "가맹점운영권"이란 가맹점사업자가 가맹본부의 가맹사업과 관련하여

가맹점을 운영할 수 있는 계약상의 권리를 말한다.

6. "가맹금"이란 명칭이나 지급형태가 어떻든 간에 다음 각 목의 어느 하나에 해당하는 대가를 말한다. 다만, 가맹본부에 귀속되지 아니하는 것으로서 대통령령으로 정하는 대가를 제외한다.

가. 가입비·입회비·가맹비·교육비 또는 계약금 등 가맹점사업자가 영업표지의 사용허락 등 가맹점운영권이나 영업활동에 대한 지원·교육 등을 받기 위하여 가맹본부에 지급하는 대가

나. 가맹점사업자가 가맹본부로부터 공급받는 상품의 대금 등에 관한 채무액이나 손해배상액의 지급을 담보하기 위하여 가맹본부에 지급하는 대가

다. 가맹점사업자가 가맹점운영권을 부여받을 당시에 가맹사업을 착수하기 위하여 가맹본부로부터 공급받는 정착물·설비·상품의 가격 또는 부동산의 임차료 명목으로 가맹본부에 지급하는 대가

라. 가맹점사업자가 가맹본부와의 계약에 의하여 허락받은 영업표지의 사용과 영업활동 등에 관한 지원·교육, 그 밖의 사항에 대하여 가맹본부에 정기적으로 또는 비정기적으로 지급하는 대가로서 대통령령으로 정하는 것

마. 그 밖에 가맹희망자나 가맹점사업자가 가맹점운영권을 취득하거나 유지하기 위하여 가맹본부에 지급하는 모든 대가

7. "가맹지역본부"라 함은 가맹본부와의 계약에 의하여 일정한 지역 안에서 가맹점사업자의 모집, 상품 또는 용역의 품질유지, 가맹점사업자에 대한 경영 및 영업활동의 지원·교육·통제 등 가맹본부의 업무의 전부 또는 일부를 대행하는 사업자를 말한다.

8. "가맹중개인"이라 함은 가맹본부 또는 가맹지역본부로부터 가맹점사업자를 모집하거나 가맹계약을 준비 또는 체결하는 업무를 위탁받은 자를 말한다.

9. "가맹계약서"라 함은 가맹사업의 구체적 내용과 조건 등에 있어 가맹본부 또는 가맹점사업자(이하 "가맹사업당사자"라 한다)의 권리와 의무에 관한 사항(특수한 거래조건이나 유의사항이 있는 경우에는 이를 포함한다)을 기재한 문서를 말한다.

10. "정보공개서"란 다음 각 목에 관하여 대통령령으로 정하는 사항을 수록한 문서를 말한다.

가. 가맹본부의 일반 현황

나. 가맹본부의 가맹사업 현황(가맹점사업자의 매출에 관한 사항을 포함한다)

다. 가맹본부와 그 임원(「독점규제 및 공정거래에 관한 법률」 제2조제5호에 따른 임원을 말한다. 이하 같다)이 다음의 어느 하나에 해당하는 경우에는 해당 사실

1) 이 법, 「독점규제 및 공정거래에 관한 법률」 또는 「약관의 규제에 관한 법률」을 위반한 경우

2) 사기·횡령·배임 등 타인의 재산을 영득하거나 편취하는 죄에 관련된 민사소송에서 패소의 확정판결을 받았거나 민사상 화해를 한 경우

3) 사기·횡령·배임 등 타인의 재산을 영득하거나 편취하는 죄를 범하여 형을 선고받은 경우

라. 가맹점사업자의 부담

마. 영업활동에 관한 조건과 제한

바. 가맹사업의 영업 개시에 관한 상세한 절차와 소요기간

사. 가맹본부의 경영 및 영업활동 등에 대한 지원과 교육·훈련에 대한 설명

11. "점포환경개선"이란 가맹점 점포의 기존 시설, 장비, 인테리어 등을 새로운 디자인이나 품질의 것으로 교체하거나 신규로 설치하는 것을 말한다. 이 경우 점포의 확장 또는 이전을 수반하거나 수반하지 아니하는 경우를 모두 포함한다.

12. "영업지역"이란 가맹점사업자가 가맹계약에 따라 상품 또는 용역을 판매하는 지역을 말한다.

**제3조(적용배제)** ①이 법은 다음 각 호의 어느 하나에 해당하는 경우에는 적용하지 아니한다. 〈개정 2012. 2. 17., 2013. 8. 13.〉

1. 가맹점사업자가 가맹금의 최초 지급일부터 6개월까지의 기간동안 가맹본부에게 지급한 가맹금의 총액이 100만원 이내의 범위에서 대통령령으로 정하는 금액을 초과하지 아니하는 경우

2. 가맹본부의 연간 매출액이 2억원 이내의 범위에서 대통령령으로 정하는 일정규모 미만인 경우. 다만, 가맹본부와 계약을 맺은 가맹점사업자의 수가 5개 이상의 범위에서 대통령령으로 정하는 수 이상인 경우는 제외한다.

② 제1항에도 불구하고 제9조 및 제10조(제10조제1항제1호는 제외한다)는 모든 가맹사업거래에 대하여 적용한다. 〈신설 2013. 8. 13.〉

**제2장 가맹사업거래의 기본원칙**

**제5조(가맹본부의 준수사항)** 가맹본부는 다음 각호의 사항을 준수한다.

1. 가맹사업의 성공을 위한 사업구상

2. 상품이나 용역의 품질관리와 판매기법의 개발을 위한 계속적인 노력

3. 가맹점사업자에 대하여 합리적 가격과 비용에 의한 점포설비의 설치, 상품 또는 용역 등의 공급

4. 가맹점사업자와 그 직원에 대한 교육·훈련

5. 가맹점사업자의 경영·영업활동에 대한 지속적인 조언과 지원

6. 가맹계약기간중 가맹점사업자의 영업지역안에서 자기의 직영점을 설치하거나 가맹점사업자와 유사한 업종의 가맹점을 설치하는 행위의 금지

7. 가맹점사업자와의 대화와 협상을 통한 분쟁해결 노력

**제6조(가맹점사업자의 준수사항)** 가맹점사업자는 다음 각호의 사항을 준수한다.

1. 가맹사업의 통일성 및 가맹본부의 명성을 유지하기 위한 노력

2. 가맹본부의 공급계획과 소비자의 수요충족에 필요한 적정한 재고유지 및 상품진열

3. 가맹본부가 상품 또는 용역에 대하여 제시하는 적절한 품질기준의 준수

4. 제3호의 규정에 의한 품질기준의 상품 또는 용역을 구입하지 못하는 경우 가맹본부가 제공하는 상품 또는 용역의 사용

5. 가맹본부가 사업장의 설비와 외관, 운송수단에 대하여 제시하는 적절한 기준의 준수

6. 취급하는 상품·용역이나 영업활동을 변경하는 경우 가맹본부와의 사전 협의

7. 상품 및 용역의 구입과 판매에 관한 회계장부 등 가맹본부의 통일적 사업경영 및 판매전략의 수립에 필요한 자료의 유지와 제공

8. 가맹점사업자의 업무현황 및 제7호의 규정에 의한 자료의 확인과 기록을 위한 가맹본부의 임직원 그 밖의 대리인의 사업장 출입허용

9. 가맹본부의 동의를 얻지 아니한 경우 사업장의 위치변경 또는 가맹점운영권의 양도 금지

10. 가맹계약기간중 가맹본부와 동일한 업종을 영위하는 행위의 금지

11. 가맹본부의 영업기술이나 영업비밀의 누설 금지

12. 영업표지에 대한 제3자의 침해사실을 인지하는 경우 가맹본부에 대한 영업표지침해사실의 통보와 금지조치에 필요한 적절한 협력

**제3장 가맹사업거래의 공정화**

**제6조의2(정보공개서의 등록 등)** ① 가맹본부는 가맹희망자에게 제공할 정보공개서를 대통령령으로 정하는 바에 따라 공정거래위원회 또는 특별시장·광역시장·특별자치시장·도지사·특별자치도지사(이하 "시·도지사"라 한다)에게 등록하여야 한다. 〈개정 2013. 8. 13., 2018. 1. 16.〉

② 가맹본부는 제1항에 따라 등록한 정보공개서의 기재사항 중 대통령령으로 정하는 사항을 변경하려는 경우에는 대통령령으로 정하는 기한 이내에 공정거래위원회 또는 시·도지사에게 기재사항의 변경등록을 하여야 한다. 다만, 대통령령으로 정하는 경미한 사항을 변경하려는 경우에는 신고하여야 한다. 〈신설 2013. 8. 13., 2018. 1. 16.〉

③ 공정거래위원회 및 시·도지사는 제1항 또는 제2항에 따라 등록·변경등록하거나 신고한 정보공개서를 공개하여야 한다. 다만, 「개인정보 보호법」 제2조제1호에 따른 개인정보와 「부정경쟁방지 및 영업비밀보호에 관한 법률」 제2조제2호에 따른 영업비밀은 제외한다. 〈개정 2013. 8. 13., 2016. 12. 20., 2018. 1. 16.〉

④ 공정거래위원회 및 시·도지사는 제3항에 따라 정보공개서를 공개하는 경우 해당 가맹본부에 공개하는 내용과 방법을 미리 통지하여야 하고, 사실과 다른 내용을 정정할 수 있는 기회를 주어야 한다. 〈개정 2013. 8. 13., 2016. 3. 29., 2018. 1. 16.〉

⑤ 공정거래위원회는 제3항에 따른 정보공개서의 공개(시·도지사가 공개하는 경우를 포함한다)를 위하여 예산의 범위 안에서 가맹사업정보제공시스템을 구축·운용할 수 있다. 〈개정 2013. 8. 13., 2018. 1. 16.〉

⑥ 그 밖에 정보공개서의 등록, 변경등록, 신고 및 공개의 방법과 절차는 대통령령으로 정한다. 〈개정 2013. 8. 13.〉

**제6조의3(정보공개서 등록의 거부 등)** ① 공정거래위원회 및 시·도지사는

제6조의2에 따른 정보공개서 등록 신청이 다음 각 호의 어느 하나에 해당하는 경우에는 정보공개서의 등록을 거부하거나 그 내용의 변경을 요구할 수 있다. 〈개정 2016. 12. 20., 2018. 1. 16.〉

1. 정보공개서나 그 밖의 신청서류에 거짓이 있거나 필요한 내용을 적지 아니한 경우

2. 정보공개서에 기재된 가맹사업의 내용에 다른 법률에서 금지하고 있는 사항이 포함되어 있는 경우

② 공정거래위원회 및 시·도지사는 정보공개서의 등록을 하였을 때에는 가맹본부에게 등록증을 내주어야 한다. 〈개정 2016. 12. 20., 2018. 1. 16.〉

**제6조의4(정보공개서 등록의 취소)** ① 공정거래위원회 및 시·도지사는 정보공개서가 다음 각 호의 어느 하나에 해당하는 경우에는 그 등록을 취소할 수 있다. 다만, 제1호 및 제2호에 해당하는 경우에는 등록을 취소하여야 한다. 〈개정 2013. 8. 13., 2016. 12. 20., 2018. 1. 16.〉

1. 거짓이나 그 밖의 부정한 방법으로 정보공개서가 등록된 경우

2. 제6조의3제1항제2호에 해당하는 경우

3. 제2조제10호 각 목의 기재사항 중 대통령령으로 정하는 중요한 사항(이하 "중요사항"이라 한다)이 누락된 경우

4. 가맹본부가 폐업 신고를 한 경우

5. 가맹본부가 정보공개서 등록취소를 요청하는 경우

② 공정거래위원회 및 시·도지사는 정보공개서 등록이 취소된 가맹본부의 명단을 공개할 수 있다. 〈신설 2013. 8. 13.〉

**제6조의5(가맹금 예치 등)** ① 가맹본부는 가맹점사업자(가맹희망자를 포함한다. 이하 이 조, 제15조의2 및 제41조제3항제1호에서 같다)로 하여금 가맹금(제2조제6호가목 및 나목에 해당하는 대가로서 금전으로 지급하는 경우에 한하며, 계약체결 전에 가맹금을 지급한 경우에는 그 가맹금을 포함한다. 이하 "예치가맹금"이라 한다)을 대통령령으로 정하는 기관(이하 "예치기관"이라 한다)에 예치하도록 하여야 한다. 다만, 가맹본부가 제15조의2에 따른 가맹점사업자피해보상보험계약 등을 체결한 경우에는 그러하지 아니하다. 〈개정 2016. 3. 29.〉

② 예치기관의 장은 가맹점사업자가 예치가맹금을 예치한 경우에는 예치일부터 7일 이내에 그 사실을 가맹본부에 통지하여야 한다.

③ 가맹본부는 다음 각 호의 어느 하나에 해당하는 경우에는 예치기관의 장에게 대통령령으로 정하는 바에 따라 예치가맹금의 지급을 요청할 수 있다. 이 경우 예치기관의 장은 10일 이내에 예치가맹금을 가맹본부에 지급하여야 한다.

1. 가맹점사업자가 영업을 개시한 경우

2. 가맹계약 체결일부터 2개월이 경과한 경우. 다만, 2개월이 경과하기 전에 가맹점사업자가 제5항제1호부터 제3호까지의 규정 중 어느 하나에 해당하는 조치를 취한 사실을 예치기관의 장에게 서면으로 통보한 경우에는 그러하지 아니하다.

④ 가맹본부는 거짓이나 그 밖의 부정한 방법으로 예치가맹금의 지급을 요청하여서는 아니 된다.

⑤ 예치기관의 장은 제1호부터 제3호까지의 규정 중 어느 하나에 해당하는 경우에는 제24조에 따른 가맹사업거래분쟁조정협의회의 조정이나 그 밖의 분쟁해결의 결과(이하 "분쟁조정 등의 결과"라 한다) 또는 제33조에 따른 공정거래위원회의 시정조치가 확정될 때(공정거래위원회의 시정조치에 대하여 이의신청이 제기된 경우에는 재결이, 시정조치나 재결에 대하여 소가 제기된 경우에는 확정판결이 각각 확정된 때를 말한다. 이하 이 조에서 같다)까지 예치가맹금의 지급을 보류하여야 하고, 제4호에 해당하는 경우에는 예치가맹금의 지급요청을 거부하거나 가맹본부에 그 내용의 변경을 요구하여야 한다.

1. 가맹점사업자가 예치가맹금을 반환받기 위하여 소를 제기한 경우

2. 가맹점사업자가 예치가맹금을 반환받기 위하여 알선, 조정, 중재 등을 신청한 경우

3. 가맹점사업자가 제10조의 위반을 이유로 가맹본부를 공정거래위원회에 신고한 경우

4. 가맹본부가 제4항을 위반하여 거짓이나 그 밖의 부정한 방법으로 예치가맹금의 지급을 요청한 경우

⑥ 예치기관의 장은 가맹본부 또는 가맹점사업자가 분쟁조정 등의 결과나 시정조치 결과를 첨부하여 예치가맹금의 지급 또는 반환을 요청하는 경우 요청일부터 30일 이내에 그 결과에 따라 예치가맹금을 가맹본부에 지급하거나 가맹점사업자에게 반환하여야 한다.

⑦ 예치기관의 장은 가맹점사업자가 가맹본부의 동의를 받아 예치가맹금의 반환을 요청하는 경우에는 제5항 및 제6항에도 불구하고 요청일부터 10일 이내에 예치가맹금을 가맹점사업자에게 반환하여야 한다.

⑧ 그 밖에 가맹금의 예치 등에 관하여 필요한 사항은 대통령령으로 정한다.

**제7조(정보공개서의 제공의무 등)** ① 가맹본부(가맹지역본부 또는 가맹중개인이 가맹점사업자를 모집하는 경우를 포함한다. 이하 같다)는 가맹희망자에게 제6조의2제1항 및 제2항에 따라 등록 또는 변경등록한 정보공개서를 내용증명우편 등 제공시점을 객관적으로 확인할 수 있는 대통령령으로 정하는 방법에 따라 제공하여야 한다. 〈개정 2007. 8. 3., 2013. 8. 13.〉

② 가맹본부는 제1항에 따라 정보공개서를 제공할 경우에는 가맹희망자의 장래 점포 예정지에서 가장 인접한 가맹점 10개(정보공개서 제공시점에 가맹희망자의 장래 점포 예정지가 속한 광역지방자치단체에서 영업 중

인 가맹점의 수가 10개 미만인 경우에는 해당 광역지방자치단체 내의 가맹점 전체)의 상호, 소재지 및 전화번호가 적힌 문서(이하 "인근가맹점 현황문서"라 한다)를 함께 제공하여야 한다. 다만, 정보공개서를 제공할 때 장래 점포 예정지가 확정되지 아니한 경우에는 확정되는 즉시 제공하여야 한다. 〈신설 2013. 8. 13.〉

③ 가맹본부는 등록된 정보공개서 및 인근가맹점 현황문서(이하 "정보공개서등"이라 한다)를 제1항의 방법에 따라 제공하지 아니하였거나 정보공개서등을 제공한 날부터 14일(가맹희망자가 정보공개서에 대하여 변호사 또는 제27조에 따른 가맹거래사의 자문을 받은 경우에는 7일로 한다)이 지나지 아니한 경우에는 다음 각 호의 어느 하나에 해당하는 행위를 하여서는 아니 된다. 〈신설 2007. 8. 3., 2013. 8. 13.〉

1. 가맹희망자로부터 가맹금을 수령하는 행위. 이 경우 가맹희망자가 예치기관에 예치가맹금을 예치하는 때에는 최초로 예치한 날(가맹본부가 가맹희망자와 최초로 가맹금을 예치하기로 합의한 때에는 그 날)에 가맹금을 수령한 것으로 본다.

2. 가맹희망자와 가맹계약을 체결하는 행위

④ 공정거래위원회는 대통령령이 정하는 바에 따라 정보공개서의 표준양식을 정하여 가맹본부 또는 가맹본부로 구성된 사업자단체에게 그 사용을 권장할 수 있다. 〈개정 2007. 8. 3., 2013. 8. 13.〉

**제9조(허위·과장된 정보제공 등의 금지)** ① 가맹본부는 가맹희망자나 가

맹점사업자에게 정보를 제공함에 있어서 다음 각 호의 행위를 하여서는 아니 된다. 〈개정 2013. 8. 13.〉

1. 사실과 다르게 정보를 제공하거나 사실을 부풀려 정보를 제공하는 행위(이하 "허위·과장의 정보제공행위"라 한다)

2. 계약의 체결·유지에 중대한 영향을 미치는 사실을 은폐하거나 축소하는 방법으로 정보를 제공하는 행위(이하 "기만적인 정보제공행위"라 한다)

② 제1항 각 호의 행위의 유형은 대통령령으로 정한다. 〈신설 2013. 8. 13.〉

③ 가맹본부는 가맹희망자나 가맹점사업자에게 다음 각 호의 어느 하나에 해당하는 정보를 제공하는 경우에는 서면으로 하여야 한다. 〈개정 2007. 8. 3., 2013. 8. 13.〉

1. 가맹희망자의 예상매출액·수익·매출총이익·순이익 등 장래의 예상수익상황에 관한 정보

2. 가맹점사업자의 매출액·수익·매출총이익·순이익 등 과거의 수익상황이나 장래의 예상수익상황에 관한 정보

④ 가맹본부는 제3항에 따라 정보를 제공하는 경우에는 그 정보의 산출근거가 되는 자료로서 대통령령으로 정하는 자료를 가맹본부의 사무

소에 비치하여야 하며, 영업시간 중에 언제든지 가맹희망자나 가맹점 사업자의 요구가 있는 경우 그 자료를 열람할 수 있도록 하여야 한다. 〈개정 2007. 8. 3., 2013. 8. 13.〉

⑤ 제3항에도 불구하고 다음 각 호의 어느 하나에 해당하는 가맹본부는 가맹계약을 체결할 때 가맹희망자에게 대통령령으로 정하는 예상매출 액의 범위 및 그 산출 근거를 서면(이하 "예상매출액 산정서"라 한다)으로 제공하여야 한다. 〈신설 2013. 8. 13.〉

1. 중소기업자(「중소기업기본법」 제2조제1항 또는 제3항에 따른 자를 말한다)가 아닌 가맹본부

2. 직전 사업연도 말 기준으로 가맹본부와 계약을 체결·유지하고 있는 가맹점사업자(가맹본부가 복수의 영업표지를 보유하고 있는 경우에는 동일 영업표지를 사용하는 가맹점사업자에 한정한다)의 수가 대통령령으로 정하는 수 이상인 가맹본부

⑥ 가맹본부는 예상매출액 산정서를 가맹계약 체결일부터 5년간 보관하여야 한다. 〈신설 2013. 8. 13.〉

⑦ 공정거래위원회는 예상매출액 산정서의 표준양식을 정하여 사용을 권장할 수 있다. 〈신설 2013. 8. 13.〉

**제10조(가맹금의 반환)** ① 가맹본부는 다음 각 호의 어느 하나에 해당하는 경우에는 가맹희망자나 가맹점사업자가 대통령령으로 정하는 사항이

적힌 서면으로 요구하는 날부터 1개월 이내에 가맹금을 반환하여야 한다.
〈개정 2007. 8. 3., 2013. 8. 13.〉

1. 가맹본부가 제7조제3항을 위반한 경우로서 가맹희망자 또는 가맹점사업자가 가맹계약 체결 전 또는 가맹계약의 체결일부터 4개월 이내에 가맹금의 반환을 요구하는 경우

2. 가맹본부가 제9조제1항을 위반한 경우로서 가맹희망자가 가맹계약 체결 전에 가맹금의 반환을 요구하는 경우

3. 가맹본부가 제9조제1항을 위반한 경우로서 허위 또는 과장된 정보나 중요사항의 누락된 내용이 계약 체결에 중대한 영향을 준 것으로 인정되어 가맹점사업자가 가맹계약의 체결일부터 4개월 이내에 가맹금의 반환을 요구하는 경우

4. 가맹본부가 정당한 사유 없이 가맹사업을 일방적으로 중단하고 가맹점사업자가 대통령령으로 정하는 가맹사업의 중단일부터 4개월 이내에 가맹금의 반환을 요구하는 경우

② 제1항의 규정에 의하여 반환하는 가맹금의 금액을 정함에 있어서는 가맹계약의 체결경위, 금전이나 그 밖에 지급된 대가의 성격, 가맹계약기간, 계약이행기간, 가맹사업당사자의 귀책정도 등을 고려하여야 한다. 〈개정 2007. 8. 3.〉

**제11조(가맹계약서의 기재사항 등)** ① 가맹본부는 가맹희망자가 가맹계약

의 내용을 미리 이해할 수 있도록 제2항 각 호의 사항이 적힌 문서를 가맹희망자에게 제공한 날부터 14일이 지나지 아니한 경우에는 다음 각 호의 어느 하나에 해당하는 행위를 하여서는 아니 된다. 〈개정 2007. 8. 3., 2017. 4. 18.〉

1. 가맹희망자로부터 가맹금을 수령하는 행위. 이 경우 가맹희망자가 예치기관에 예치가맹금을 예치하는 때에는 최초로 예치한 날(가맹희망자가 최초로 가맹금을 예치하기로 가맹본부와 합의한 날이 있는 경우에는 그 날)에 가맹금을 수령한 것으로 본다.

2. 가맹희망자와 가맹계약을 체결하는 행위

② 가맹계약서는 다음 각호의 사항을 포함하여야 한다. 〈개정 2007. 8. 3., 2018. 10. 16.〉

1. 영업표지의 사용권 부여에 관한 사항

2. 가맹점사업자의 영업활동 조건에 관한 사항

3. 가맹점사업자에 대한 교육·훈련, 경영지도에 관한 사항

4. 가맹금 등의 지급에 관한 사항

5. 영업지역의 설정에 관한 사항

6. 계약기간에 관한 사항

7. 영업의 양도에 관한 사항

8. 계약해지의 사유에 관한 사항

9. 가맹희망자 또는 가맹점사업자가 가맹계약을 체결한 날부터 2개월(가맹점사업자가 2개월 이전에 가맹사업을 개시하는 경우에는 가맹사업개시일)까지의 기간 동안 예치가맹금을 예치기관에 예치하여야 한다는 사항. 다만, 가맹본부가 제15조의2에 따른 가맹점사업자피해보상보험계약 등을 체결한 경우에는 그에 관한 사항으로 한다.

10. 가맹희망자가 정보공개서에 대하여 변호사 또는 제27조에 따른 가맹거래사의 자문을 받은 경우 이에 관한 사항

11. 가맹본부 또는 가맹본부임원의 위법행위 또는 가맹사업의 명성이나 신용을 훼손하는 등 사회상규에 반하는 행위로 인하여 가맹점사업자에게 발생한 손해에 대한 배상의무에 관한 사항

12. 그 밖에 가맹사업당사자의 권리·의무에 관한 사항으로서 대통령령이 정하는 사항

③ 가맹본부는 가맹계약서를 가맹사업의 거래가 종료된 날부터 3년간 보관하여야 한다.

④ 공정거래위원회는 가맹본부에게 건전한 가맹사업거래질서를 확립하고 불공정한 내용의 가맹계약이 통용되는 것을 방지하기 위하여 일정한 가맹사업거래에서 표준이 되는 가맹계약서의 작성 및 사용을 권장할 수 있다.

**제12조(불공정거래행위의 금지)** ① 가맹본부는 다음 각 호의 어느 하나에 해당하는 행위로서 가맹사업의 공정한 거래를 저해할 우려가 있는 행위를 하거나 다른 사업자로 하여금 이를 행하도록 하여서는 아니된다. 〈개정 2007. 8. 3., 2013. 8. 13., 2016. 3. 29.〉

1. 가맹점사업자에 대하여 상품이나 용역의 공급 또는 영업의 지원 등을 부당하게 중단 또는 거절하거나 그 내용을 현저히 제한하는 행위

2. 가맹점사업자가 취급하는 상품 또는 용역의 가격, 거래상대방, 거래지역이나 가맹점사업자의 사업활동을 부당하게 구속하거나 제한하는 행위

3. 거래상의 지위를 이용하여 부당하게 가맹점사업자에게 불이익을 주는 행위

5. 계약의 목적과 내용, 발생할 손해 등 대통령령으로 정하는 기준에 비하여 과중한 위약금을 부과하는 등 가맹점사업자에게 부당하게 손해배상 의무를 부담시키는 행위

6. 제1호부터 제3호까지 및 제5호 외의 행위로서 부당하게 경쟁가맹본부의 가맹점사업자를 자기와 거래하도록 유인하는 행위 등 가맹사업의 공

정한 거래를 저해할 우려가 있는 행위

② 제1항 각호의 규정에 의한 행위의 유형 또는 기준은 대통령령으로 정한다.

**제12조의2(부당한 점포환경개선 강요 금지 등)** ① 가맹본부는 대통령령으로 정하는 정당한 사유 없이 점포환경개선을 강요하여서는 아니 된다.

② 가맹본부는 가맹점사업자의 점포환경개선에 소요되는 비용으로서 대통령령으로 정하는 비용의 100분의 40 이내의 범위에서 대통령령으로 정하는 비율에 해당하는 금액을 부담하여야 한다. 다만, 다음 각 호의 어느 하나에 해당하는 경우에는 그러하지 아니하다.

1. 가맹본부의 권유 또는 요구가 없음에도 가맹점사업자의 자발적 의사에 의하여 점포환경개선을 실시하는 경우

2. 가맹점사업자의 귀책사유로 인하여 위생·안전 및 이와 유사한 문제가 발생하여 불가피하게 점포환경개선을 하는 경우

③ 제2항에 따라 가맹본부가 부담할 비용의 산정, 청구 및 지급절차, 그 밖에 필요한 사항은 대통령령으로 정한다.

**제12조의3(부당한 영업시간 구속 금지)** ① 가맹본부는 정상적인 거래관행에 비추어 부당하게 가맹점사업자의 영업시간을 구속하는 행위(이하 "부당한 영업시간 구속"이라 한다)를 하여서는 아니 된다.

② 다음 각 호의 어느 하나에 해당하는 가맹본부의 행위는 부당한 영업시간 구속으로 본다.

1. 가맹점사업자의 점포가 위치한 상권의 특성 등의 사유로 대통령령으로 정하는 심야 영업시간대의 매출이 그 영업에 소요되는 비용에 비하여 저조하여 대통령령으로 정하는 일정한 기간 동안 영업손실이 발생함에 따라 가맹점사업자가 영업시간 단축을 요구함에도 이를 허용하지 아니하는 행위

2. 가맹점사업자가 질병의 발병과 치료 등 불가피한 사유로 인하여 필요 최소한의 범위에서 영업시간의 단축을 요구함에도 이를 허용하지 아니하는 행위

**제12조의4(부당한 영업지역 침해금지)** ① 가맹본부는 가맹계약 체결 시 가맹점사업자의 영업지역을 설정하여 가맹계약서에 이를 기재하여야 한다.

② 가맹본부가 가맹계약 갱신과정에서 상권의 급격한 변화 등 대통령령으로 정하는 사유가 발생하여 기존 영업지역을 변경하기 위해서는 가맹점사업자와 합의하여야 한다. 〈개정 2018. 1. 16.〉

③ 가맹본부는 정당한 사유 없이 가맹계약기간 중 가맹점사업자의 영업지역 안에서 가맹점사업자와 동일한 업종(수요층의 지역적·인적 범위, 취급품목, 영업형태 및 방식 등에 비추어 동일하다고 인식될 수 있을 정도의 업종을 말한다)의 자기 또는 계열회사(「독점규제 및 공정거래에 관한 법률」 제2조제3호에 따른 계열회사를 말한다. 이하 같다)의 직영

점이나 가맹점을 설치하는 행위를 하여서는 아니 된다. 〈개정 2018. 1. 16.〉

**제12조의5(보복조치의 금지)** 가맹본부는 가맹점사업자가 다음 각 호의 어느 하나에 해당하는 행위를 한 것을 이유로 그 가맹점사업자에 대하여 상품·용역의 공급이나 경영·영업활동 지원의 중단, 거절 또는 제한, 가맹계약의 해지, 그 밖에 불이익을 주는 행위를 하거나 계열회사 또는 다른 사업자로 하여금 이를 행하도록 하여서는 아니된다.

1. 제22조제1항에 따른 분쟁조정의 신청

2. 제32조의2에 따른 공정거래위원회의 서면실태조사에 대한 협조

3. 제32조의3제1항에 따른 신고 및 같은 조 제2항에 따른 공정거래위원회의 조사에 대한 협조

**제12조의6(광고·판촉행사 관련 집행 내역 통보 등)** ① 가맹본부는 가맹점사업자가 비용의 전부 또는 일부를 부담하는 광고나 판촉행사를 실시한 경우 그 집행 내역을 가맹점사업자에게 통보하고 가맹점사업자의 요구가 있는 경우 이를 열람할 수 있도록 하여야 한다.

**제13조(가맹계약의 갱신 등)** ① 가맹본부는 가맹점사업자가 가맹계약기간 만료 전 180일부터 90일까지 사이에 가맹계약의 갱신을 요구하는 경우 정당한 사유 없이 이를 거절하지 못한다. 다만, 다음 각 호의 어느 하나에 해당하는 경우에는 그러하지 아니하다.

1. 가맹점사업자가 가맹계약상의 가맹금 등의 지급의무를 지키지 아니한 경우

2. 다른 가맹점사업자에게 통상적으로 적용되는 계약조건이나 영업방침을 가맹점사업자가 수락하지 아니한 경우

3. 가맹사업의 유지를 위하여 필요하다고 인정되는 것으로서 다음 각 목의 어느 하나에 해당하는 가맹본부의 중요한 영업방침을 가맹점사업자가 지키지 아니한 경우

가. 가맹점의 운영에 필요한 점포·설비의 확보나 법령상 필요한 자격·면허·허가의 취득에 관한 사항

나. 판매하는 상품이나 용역의 품질을 유지하기 위하여 필요한 제조공법 또는 서비스기법의 준수에 관한 사항

다. 그 밖에 가맹점사업자가 가맹사업을 정상적으로 유지하기 위하여 필요하다고 인정되는 것으로서 대통령령으로 정하는 사항

② 가맹점사업자의 계약갱신요구권은 최초 가맹계약기간을 포함한 전체 가맹계약기간이 10년을 초과하지 아니하는 범위 내에서만 행사할 수 있다.

③ 가맹본부가 제1항에 따른 갱신 요구를 거절하는 경우에는 그 요구를 받은 날부터 15일 이내에 가맹점사업자에게 거절 사유를 적어 서면으

로 통지하여야 한다.

④ 가맹본부가 제3항의 거절 통지를 하지 아니하거나 가맹계약기간 만료 전 180일부터 90일까지 사이에 가맹점사업자에게 조건의 변경에 대한 통지나 가맹계약을 갱신하지 아니한다는 사실의 통지를 서면으로 하지 아니하는 경우에는 계약 만료 전의 가맹계약과 같은 조건으로 다시 가맹계약을 체결한 것으로 본다. 다만, 가맹점사업자가 계약이 만료되는 날부터 60일 전까지 이의를 제기하거나 가맹본부나 가맹점사업자에게 천재지변이나 그 밖에 대통령령으로 정하는 부득이한 사유가 있는 경우에는 그러하지 아니하다.

**제14조(가맹계약해지의 제한)** ① 가맹본부는 가맹계약을 해지하려는 경우에는 가맹점사업자에게 2개월 이상의 유예기간을 두고 계약의 위반 사실을 구체적으로 밝히고 이를 시정하지 아니하면 그 계약을 해지한다는 사실을 서면으로 2회 이상 통지하여야 한다. 다만, 가맹사업의 거래를 지속하기 어려운 경우로서 대통령령이 정하는 경우에는 그러하지 아니하다. 〈개정 2007. 8. 3.〉

② 제1항의 규정에 의한 절차를 거치지 아니한 가맹계약의 해지는 그 효력이 없다.

**제15조의2(가맹점사업자피해보상보험계약 등)** ① 가맹본부는 가맹점사업자의 피해를 보상하기 위하여 다음 각 호의 어느 하나에 해당하는 계약(이하 "가맹점사업자피해보상보험계약 등"이라 한다)을 체결할 수 있다. 〈개정 2012. 2. 17.〉

1. 「보험업법」에 따른 보험계약

2. 가맹점사업자 피해보상금의 지급을 확보하기 위한 「금융위원회의 설치 등에 관한 법률」 제38조에 따른 기관의 채무지급보증계약

3. 제15조의3에 따라 설립된 공제조합과의 공제계약

② 가맹점사업자피해보상보험계약 등에 의하여 가맹점사업자 피해보상금을 지급할 의무가 있는 자는 그 지급사유가 발생한 경우 지체 없이 이를 지급하여야 한다. 이를 지연한 경우에는 지연배상금을 지급하여야 한다.

③ 가맹점사업자피해보상보험계약 등을 체결하고자 하는 가맹본부는 가맹점사업자피해보상보험계약 등을 체결하기 위하여 매출액 등의 자료를 제출함에 있어서 거짓 자료를 제출하여서는 아니 된다.

④ 가맹본부는 가맹점사업자피해보상보험계약 등을 체결함에 있어서 가맹점사업자의 피해보상에 적절한 수준이 되도록 하여야 한다.

⑤ 가맹점사업자피해보상보험계약 등을 체결한 가맹본부는 그 사실을 나타내는 표지를 사용할 수 있다.

⑥ 가맹점사업자피해보상보험계약 등을 체결하지 아니한 가맹본부는 제5항에 따른 표지를 사용하거나 이와 유사한 표지를 제작 또는 사용하여서는 아니 된다.

⑦ 그 밖에 가맹점사업자피해보상보험계약 등에 대하여 필요한 사항은 대통령령으로 정한다.

**제15조의5(신고포상금)** ① 공정거래위원회는 이 법의 위반행위를 신고하거나 제보하고 그 신고나 제보를 입증할 수 있는 증거자료를 제출한 자에게 예산의 범위에서 포상금을 지급할 수 있다.

② 제1항에 따른 포상금 지급대상자의 범위, 포상금 지급의 기준·절차 등에 필요한 사항은 대통령령으로 정한다.

[본조신설 2018. 1. 16.]

## 제4장 분쟁의 조정 등

**제16조(가맹사업거래분쟁조정협의회의 설치)** ① 가맹사업에 관한 분쟁을 조정하기 위하여 「독점규제 및 공정거래에 관한 법률」 제48조의2제1항에 따른 한국공정거래조정원(이하 "조정원"이라 한다)에 가맹사업거래분쟁조정협의회(이하 "협의회"라 한다)를 둔다. 〈개정 2018. 3. 27.〉

② 시·도지사는 특별시·광역시·특별자치시·도·특별자치도(이하 "시·도"라 한다)에 협의회를 둘 수 있다. 〈신설 2018. 3. 27.〉

## 제5장 공정거래위원회의 사건처리절차 등

**제32조(조사개시대상행위의 제한)** 이 법의 규정에 의하여 공정거래위원회

의 조사개시대상이 되는 가맹사업거래는 그 거래가 종료된 날부터 3년을 경과하지 아니한 것에 한한다. 다만, 그 거래가 종료된 날부터 3년 이내에 신고된 가맹사업거래의 경우에는 그러하지 아니하다.

**제33조(시정조치)** ① 공정거래위원회는 제6조의5제1항·제4항, 제7조제3항, 제9조제1항, 제10조제1항, 제11조제1항·제2항, 제12조제1항, 제12조의2제1항·제2항, 제12조의3제1항·제2항, 제12조의4, 제12조의5, 제12조의6제1항, 제14조의2제5항, 제15조의2제3항·제6항을 위반한 가맹본부에 대하여 가맹금의 예치, 정보공개서등의 제공, 점포환경개선 비용의 지급, 가맹금 반환, 위반행위의 중지, 위반내용의 시정을 위한 필요한 계획 또는 행위의 보고 그 밖에 위반행위의 시정에 필요한 조치를 명할 수 있다. 〈개정 2007. 8. 3., 2013. 8. 13., 2016. 3. 29., 2018. 1. 16.〉

② 공정거래위원회는 제24조의 규정에 의하여 협의회의 조정이 이루어진 경우에는 특별한 사유가 없는 한 제1항에 따른 시정조치 및 제34조제1항에 따른 시정권고를 하지 아니한다. 〈개정 2007. 8. 3.〉

③ 공정거래위원회는 제1항에 따라 시정명령을 하는 경우에는 가맹본부에게 시정명령을 받았다는 사실을 공표하거나 거래상대방에 대하여 통지할 것을 명할 수 있다. 〈개정 2007. 8. 3.〉

**제35조(과징금)** ① 공정거래위원회는 제6조의5제1항·제4항, 제7조제3항, 제9조제1항, 제10조제1항, 제11조제1항·제2항, 제12조제1항, 제12조의2제1항·제2항, 제12조의3제1항·제2항, 제12조의4, 제12조의5, 제12조의6제1항, 제14조의2제5항, 제15조의2제3항·제6항을 위반한 가맹본부에 대하여 대통

령령으로 정하는 매출액(대통령령으로 정하는 사업자의 경우에는 영업수
익을 말한다. 이하 같다)에 100분의 2를 곱한 금액을 초과하지 아니하는
범위에서 과징금을 부과할 수 있다. 다만, 그 위반행위를 한 가맹본부가
매출액이 없거나 매출액의 산정이 곤란한 경우로서 대통령령으로 정하는
경우에는 5억원을 초과하지 아니하는 범위에서 과징금을 부과할 수 있다.
〈개정 2016. 3. 29., 2018. 1. 16.〉

② 공정거래위원회는 제1항에 따라 과징금을 부과하는 경우에는 다음 각
   호의 사항을 고려하여야 한다.

1. 위반행위의 내용 및 정도

2. 위반행위의 기간 및 횟수

3. 위반행위로 취득한 이익의 규모 등

③ 이 법을 위반한 회사인 가맹본부가 합병을 하는 경우에는 그 가맹본부
   가 한 위반행위는 합병 후 존속하거나 합병으로 설립되는 회사가 한 위
   반행위로 보아 과징금을 부과·징수할 수 있다.

④ 공정거래위원회는 이 법을 위반한 회사인 가맹본부가 분할되거나 분할
   합병되는 경우 분할되는 가맹본부의 분할일 또는 분할합병일 이전의
   위반행위를 다음 각 호의 어느 하나에 해당하는 회사의 행위로 보고
   과징금을 부과·징수할 수 있다.

1. 분할되는 회사

2. 분할 또는 분할합병으로 설립되는 새로운 회사

3. 분할되는 회사의 일부가 다른 회사에 합병된 후 그 다른 회사가 존속하
   는 경우 그 다른 회사

⑤ 공정거래위원회는 이 법을 위반한 회사인 가맹본부가 「채무자 회생 및
   파산에 관한 법률」 제215조에 따라 신회사를 설립하는 경우에는 기존
   회사 또는 신회사 중 어느 하나의 행위로 보고 과징금을 부과·징수할
   수 있다.

⑥ 제1항에 따른 과징금의 부과기준은 대통령령으로 정한다.

**제37조의2(손해배상책임)** ① 가맹본부는 이 법의 규정을 위반함으로써 가
맹점사업자에게 손해를 입힌 경우에는 가맹점사업자에 대하여 손해배상
의 책임을 진다. 다만, 가맹본부가 고의 또는 과실이 없음을 입증한 경우
에는 그러하지 아니하다.

② 제1항에도 불구하고 가맹본부가 제9조제1항, 제12조제1항제1호 및 제
   12조의5를 위반함으로써 가맹점사업자에게 손해를 입힌 경우에는 가
   맹점사업자에게 발생한 손해의 3배를 넘지 아니하는 범위에서 배상책
   임을 진다. 다만, 가맹본부가 고의 또는 과실이 없음을 입증한 경우에
   는 그러하지 아니하다. 〈개정 2018. 1. 16.〉

③ 법원은 제2항의 배상액을 정할 때에는 다음 각 호의 사항을 고려하여
  야 한다.

1. 고의 또는 손해 발생의 우려를 인식한 정도

2. 위반행위로 인하여 가맹점사업자가 입은 피해 규모

3. 위법행위로 인하여 가맹본부가 취득한 경제적 이익

4. 위반행위에 따른 벌금 및 과징금

5. 위반행위의 기간·횟수

6. 가맹본부의 재산상태

7. 가맹본부의 피해구제 노력의 정도

④ 제1항 또는 제2항에 따라 손해배상청구의 소가 제기된 경우 「독점규제
  및 공정거래에 관한 법률」 제56조의2 및 제57조를 준용한다.

## 제6장 벌칙

**제41조(벌칙)** ① 제9조제1항의 규정에 위반하여 허위·과장의 정보제공행
위나 기만적인 정보제공행위를 한 자는 5년 이하의 징역 또는 3억원 이하
의 벌금에 처한다. 〈개정 2007. 8. 3., 2013. 8. 13.〉

② 다음 각 호의 어느 하나에 해당하는 자는 3년 이하의 징역 또는 1억원 이하의 벌금에 처한다. 〈개정 2007. 8. 3., 2018. 1. 16.〉

1. 제12조의5를 위반하여 가맹점사업자에게 불이익을 주는 행위를 하거나 다른 사업자로 하여금 이를 행하도록 한 자

2. 제33조제1항에 따른 시정조치의 명령에 따르지 아니한 자

3. 제37조제4항의 규정에 의하여 준용되는 「독점규제 및 공정거래에 관한 법률」 제62조의 규정에 위반한 자

③ 다음 각 호의 어느 하나에 해당하는 자는 2년 이하의 징역 또는 5천만 원 이하의 벌금에 처한다. 〈개정 2007. 8. 3., 2013. 8. 13.〉

1. 제6조의5제1항을 위반하여 가맹점사업자로부터 예치가맹금을 직접 수령한 자

2. 제7조제3항을 위반하여 가맹금을 수령하거나 가맹계약을 체결한 자

3. 제15조의2제6항을 위반하여 가맹점사업자피해보상보험계약 등을 체결하였다는 사실을 나타내는 표지 또는 이와 유사한 표지를 제작하거나 사용한 자

④ 제6조의5제4항을 위반하여 거짓이나 그 밖의 부정한 방법으로 예치가맹금의 지급을 요청한 자는 예치가맹금의 2배에 상당하는 금액 이하의

벌금에 처한다. 〈신설 2007. 8. 3.〉

**제43조(과태료)** ① 가맹본부가 제3호 또는 제4호의 규정에 해당하는 경우에는 1억원 이하, 제1호, 제1호의2 또는 제2호의 규정에 해당하는 경우에는 5천만원 이하의 과태료를 부과한다. 〈개정 2007. 8. 3., 2013. 8. 13., 2018. 4. 17.〉

1. 제32조의2제2항에 따른 자료를 제출하지 아니하거나 거짓의 자료를 제출한 자

1의2. 제32조의2제4항을 위반하여 가맹점사업자로 하여금 자료를 제출하지 아니하게 하거나 거짓 자료를 제출하도록 요구한 자

2. 제37조제1항의 규정에 의하여 준용되는 「독점규제 및 공정거래에 관한 법률」 제50조제1항제1호의 규정에 위반하여 정당한 사유 없이 2회이상 출석하지 아니한 자

3. 제37조제1항의 규정에 의하여 준용되는 「독점규제 및 공정거래에 관한 법률」 제50조제1항제3호 또는 동조제3항의 규정에 의한 보고 또는 필요한 자료나 물건의 제출을 정당한 사유없이 하지 아니하거나, 허위의 보고 또는 자료나 물건을 제출한 자

4. 제37조제1항의 규정에 의하여 준용되는 「독점규제 및 공정거래에 관한 법률」 제50조제2항의 규정에 의한 조사를 정당한 사유없이 거부·방해 또는 기피한 자

③ 가맹본부의 임원이 제1항제3호에 해당하는 경우에는 5천만원 이하, 같은 항 제1호, 제1호의2 또는 제2호에 해당하는 경우에는 1천만원 이하의 과태료를 부과한다. 〈개정 2018. 4. 17.〉

④ 가맹본부의 종업원 또는 이에 준하는 법률상 이해관계에 있는 자가 제1항제3호에 해당하는 경우에는 5천만원 이하, 같은 항 제2호에 해당하는 경우에는 1천만원 이하, 같은 항 제1호 또는 제1호의2에 해당하는 경우에는 500만원 이하의 과태료를 부과한다. 〈개정 2018. 4. 17.〉

⑤ 제37조제1항의 규정에 의하여 준용되는 「독점규제 및 공정거래에 관한 법률」 제43조의2의 규정에 의한 질서유지명령에 응하지 아니한 자는 100만원 이하의 과태료에 처한다. 〈개정 2007. 8. 3.〉

⑥ 다음 각 호의 어느 하나에 해당하는 자에게는 1천만원 이하의 과태료를 부과한다. 〈개정 2007. 8. 3., 2013. 8. 13.〉

1. 제6조의2제2항 본문을 위반하여 기한 내에 변경등록을 하지 아니하거나 거짓으로 변경등록을 한 자

2. 제9조제3항을 위반하여 같은 항 각 호의 어느 하나에 해당하는 정보를 서면으로 제공하지 아니한 자

3. 제9조제4항을 위반하여 근거자료를 비치하지 아니하거나 자료요구에 응하지 아니한 자

4. 제9조제5항을 위반하여 예상매출액 산정서를 제공하지 아니한 자

5. 제9조제6항을 위반하여 예상매출액 산정서를 보관하지 아니한 자

6. 제11조제3항을 위반하여 가맹계약서를 보관하지 아니한 자

⑦ 다음 각 호의 어느 하나에 해당하는 자에게는 300만원 이하의 과태료를 부과한다. 〈개정 2007. 8. 3., 2013. 8. 13.〉

1. 제6조의2제2항 단서를 위반하여 신고를 하지 아니하거나 거짓으로 신고한 자

2. 제29조제3항을 위반하여 가맹거래사임을 표시하거나 유사한 용어를 사용한 자

⑧ 제1항부터 제7항까지의 규정에 따른 과태료는 대통령령으로 정하는 바에 따라 공정거래위원회가 부과·징수한다. 〈신설 2007. 8. 3.〉